Rampensau

»Dä Blötschkopp« Marc Metzger

Rampensau
Aus dem Tagebuch eines Büttenredners

Zum Autor

Name	Marc Metzger
Deckname	Dä Blötschkopp
Alter	35
Familienstand	leidig
Wohnort	Remagen
Aufenthaltsort	Köln
Ausbildung	Verlagskaufmann
Studium	Kultur-, Medien-, Freizeitmanagement
Instrumente	Gitarre (Lagerfeuerklasse), Schlagzeug
Motto	Das Leben findet heute statt.

1. Auflage 2008

© 2008 Verlag Kiepenheuer & Witsch, Köln
Lizenzgeber: Labonté Köhler Osnowski Verlagsgesellschaft mbH, Köln
Alle Rechte vorbehalten. Kein Teil des Werkes darf in irgendeiner Form
(durch Fotografie, Mikrofilm oder ein anderes Verfahren) ohne schriftliche
Genehmigung des Verlages reproduziert oder unter Verwendung
elektronischer Systeme verarbeitet, vervielfältigt oder verbreitet werden.

Fotos: Joachim Badura, Köln (www.joachim-badura.de)
Aufgenommen im Theater im Senftöpfchen, Köln, Mai 2008
Umschlaggestaltung: Philipp Niermann, Köln
Umschlagfoto: Michael Schopps, Bergisch Gladbach
Satz und Layout: neue maas 11 GmbH, Köln
Druck und Bindearbeiten: Ebner & Spiegel, Ulm
ISBN 978-3-462-03815-6

Für Johann und Elisabeth,
die besten Eltern der Welt – Danke!

Inhalt

Geträumte Exposition
Oder: Das Männertagebuch 9

Die zielorientierte Flucht
Oder: „Em golde Kappes" 16

Erste Tagesbuchung
Oder: Die Manfredisierung meiner Person 23

Wenn's nicht läuft, dann läuft es auch
Oder: Der sterbende Schwan in 17 Minuten 31

Die Rache des Überwohnten!
Oder: Das tinnitale Wummern 43

Wo sind eure Hände!
Oder: Muss es denn immer so laut sein? 52

Komiker Inkognito
Oder: Ein wirklich guter Freund! 62

Unter der Dusche nur Ei!
Oder: Von charakterschwachen Wurstwaren 70

Von mir kein Wort zum Thema Subway!
Oder: Der große Preis Reloaded 79

Liebe deine Stadt!
Oder: Aber trotze der Übersättigung 85

Ein Megastore mit Herz
Oder: Zweimal Kippen mit Sahne 94

Postsessionales Multijobbing
Oder: Der Aufstieg und Fall von Metzgermeister Anton Freese 100

Kasperles Traum
Oder: Lasst Frau Holle gefälligst da raus! 107

Nur ein Hauch gute Butter
Oder: Ich mach dir den Horst, du Püppchen! 111

Die rheinisch-verzweifelten Karl-May-Festspiele
Oder: Raucht irgendwer von Ihnen eigentlich Friedenspfeife? 118

Dat sin die Lück / Das sind die Leute
Oder: Drei Episödchen in rheinischem Singsang 124

Ein Grund zur Veranlassung
Oder: Die 10 investigativen Fragen zur Klärung des sozialen Status 128

Der für sich selbst definierte Ausnahmezustand
Oder: Hau ab, du verlogene Pappnase! 135

Die musikalische Brauchtumsverweigerung
Oder: BAP zum Schunkeln 139

Nun freu dich bitte, Tochter Zion!
Oder: Die eilige Messe in fast 5 Akten 144

Hast du noch Socken?
Oder: Die wohlwollende Ignoranz der Stolzen, aber Besorgten 152

Noch ein paar letzte Zeilen bis Mittwoch
Oder: Spill nit nor der Clown! 157

Und nächste Woche schreibe ich ein Buch!
Oder: Danksagung, statt Karten 162

Kapitel 1

Geträumte Exposition
Oder: Das Männertagebuch

„Heute hier, morgen dort ..."

Rosa Ponys auf einer gelben Wiese mit sinnfrei eingestreuten, blauen Blumenersatzklecksen. Das ist doch mal große Häkelkunst. Das hat doch was. Ich kann zwar nicht genau sagen, was, aber es fesselt irritierend mächtig mein Auge. Allerdings nicht genug, um nicht auch noch den schlittschuhlaufenden Elefanten auf einem grün erfrorenen kirkisischen Bergsee meine Beäugung schenken zu können. Und die wiederum liegen im Spontanranking auch nur ganz knapp vor den verliebten Koalabärchen, denen – wild kuschelnd in einer für unsere Wetterlage zu feinfühligen Palmenart – die Welt und meine Probleme damit gerade völlig am Pelz vorbeiwehen.

Kann man wirklich einem Buch sein zutiefst erregtes Inneres anvertrauen, dessen Einband schon einen derart verwirrten Eindruck macht, dass man befürchten muss, dass es ohne therapeutische Zuneigung gar selbst jeden Moment aus dem Regal fällt? Kann ein lasziv tänzelndes Huftier auf einer gelbtrockenen Wiese einem heuverschnupften Sauerbratenliebhaber wie mir sein uneingeschränktes Vertrauen schenken? Will ein hypochondrierender Schaltträger wie ich im vereisten Berg einem Elefanten von seinen Ansichten zum Weltklima und dessen Auswirkungen auf seinen Sprechapparat berichten? Sollte es die Kuschelkoalas wirklich interessieren müssen, auf welche Palme mich mein größtenteils unverkuscheltes Leben bringt?

Fragen über Fragen. Und keine Verkäuferin in Sicht.

Traumtrunken stehe ich in der Papeterie Schmölzgen und merke wieder einmal, dass es in weiten Teilen Kölns den Menschen aber auch so was von miregal ist, wie groß der erste Buchstabe des dehnbaren Sammelbegriffs „Dienstleistung" geschrieben wird. Ich habe das Gefühl, die Kundenorientierung endet in der Papeterie Schmölzgen bereits mit dem Aufschließen des Ladenlokals. Und dann macht noch einer Licht an. Vielleicht. Und dann ist es aber auch gut.

Halloho? Außer mir noch jemand da? Eine bittersüße Angst überkommt mich, der Gedanke, dass man Nippes evakuiert und mir nicht Bescheid gesagt hat, jagt mir einen Tusch durch die Seele. Intuitiv stülpe ich mir eine Zeitung über den Kopf und ducke mich. Ducken und Schützen! Das hab ich mal irgendwo gelesen. Es bringt zwar nichts, aber es beruhigt. Und es sieht verdammt dämlich aus. Aber es bekommt ja keiner mit. Die Papeterie Schmölzgen steht leer und verlassen. Draußen auf der Neusser Straße blüht das Leben, karnevalistischer Optimismus treibt das Volk durch die Straßen und gibt der Stadt ihren Reiz. Die Evakuierung läuft. Der Rosenmontag kommt rasend schnell näher, und alle wollen hin und weg. Die einen hin ins närrische Epizentrum, das die angesammelte Jahresfreude zigtausender Jecken gekonnt in sich aufnimmt, ohne die Stadt zu verwüsten, die anderen weg vom karnevalistischen Getümmel hin zum entspannenden Ersatzköln, das unter dem Namen Mallorca den Brauchtumsverweigerern eine recht zweifelhafte Zuflucht bietet.

Wie gesagt, draußen tobt das Leben. Drinnen tobe allerdings nur ich. Ist ja auch mal ganz schön. Robin Hütchen, der Beschützer von Witzen und Weibchen, krabbelt auf der Suche nach im Dienstleistungsgedanken Gleichgesinnten tapfer durch die Abteilung Terminplaner.

Im Kassenbereich erspähe ich einen Wasserspender. Das macht mir Mut, denn wo Wasser ist, ist Leben theoretisch möglich. Intelligentes Leben wäre natürlich traumhaft, aber im Moment wäre ich schon mit einer deutlich artikulationsfähigen Lebensform zufrieden. Menschlich wäre auch prima. Aber man soll nicht undankbar sein. Gerade dann nicht, wenn man im Clownskostüm mit einem Expresshütchen auf dem Kopf im Mittelgang eines Schreibwarenladens hockt. Was mache ich hier eigentlich? Gibt es da vielleicht doch den ein oder anderen Kindergeburtstag, den ich versuche zu kompensieren, weil er nicht zu meiner vollsten Zufriedenheit abgelaufen ist? Mumpitz! Immer alles auf die Kindheit! Das ist unfair gegenüber meiner Kindheit. Regelrecht gemein. Nein, die kann nun wirklich nichts für meine derzeitige Situation. Jedenfalls erinnere ich mich nicht bewusst an eine verhängnisvolle Disqualifikation im Topfschlagen, die jahrzehntelang latent in mir brodelte und mich nun dazu zwingt, in höchst blöder Aufmachung durch einen Schreibwarenladen zu robben. Neinnein. Das ist absurd. Wo sollte da denn jetzt der Auslöser sein? Unfug.

Ich glaube, es war 1978.
Nach einer für mich sehr enttäuschenden Vorrunde im Hau den Topf wurde ich nach einer – wie ich heute eingestehen muss – sehr unsachlichen Beschwerde von der Spielleitung auf mein Zimmer verbannt. Die Meisterschaft war gelaufen, ich war zutiefst betroffen und verbrachte den Restgeburtstag damit, die ungefragt von meinen weiblichen Gästen angeschleiften Poesieblöcke durchzuarbeiten. Ich möchte es nicht beschwören wollen – es ist sehr lange her und ich hatte Unmengen von Kakao getrunken –, aber irgendwie schenkt mir die Erinnerung in diesem Zusammenhang Bilder von rosa Ponys, eistanzenden Rüsselträgern und spätpubertären Koalas ...

Na gut. Ich bin mit mir einverstanden.

Wenn jetzt einer kommt und fragt, dann war's die Kindheit.
Hugh! Ich habe gesprochen.

Och herrje, was tu ich nur? Die Nacht war sicherlich kurz. Sehr kurz. Eigentlich hat sie mal wieder gar nicht stattgefunden, die Nacht. Also jedenfalls nicht im Sinne von Nacht, wie ich sie aus meiner scheinbar verkorksten Kindheit kenne: Es dunkelt, die Mutter redet dir Müdigkeit ein und nach dem adrenalinvernichtenden Sandmännchen gehst du ins Bett und träumst dir die Welt, widde-widde wie sie dir gefällt. So war sie nicht, die Nacht. Zwischen Gürzenich-Bett-Gürzenich lagen mal wieder nur knapp fünf Stunden und eine Unzahl bedrückender Ereignisse, die mangels Träumerei unverarbeitet jetzt eigentlich in ein Ohr müssten. Allerdings nicht in das eines Konsumenten, denn der will bespaßt werden, nicht belästigt. Sehr verständlich. Und die Ohren meines Fahrers sind schon ab, die hab' ich schon auf dem Gewissen. Aber irgendwo muss ich doch hin mit all den unverarbeiteten Geschichten und Krätzchen eines Wahlkölner Karnevalisten. Die müssen doch mal raus, damit wieder Luft in die Birne kommt, damit ich Platz habe für neue Ideen ...

„Kann ich irgendetwas für Sie tun?"

Ausgeträumt. Wach geworden. Au-haua-haua-ha! Im gleißenden Licht der freundlicherweise zur Verfügung gestellten Neonbeleuchtung erscheint wie aus dem Nichts Frau Annika Rebscher-Hülshoff, Fachangestellte im Bereich unbedrucktes Buch – wie ich ihrem Namensschild entnehmen kann –, eine laszive, nickelbebrillte Endzwanzigerin im gut besuchten Häkelpulli, in den in liebevoller Handarbeit ein großes „D" für Dienstleistung eingearbeitet wurde, und will irgendetwas für mich tun... In Anbetracht der sich mir präsentierenden Primärreize fällt mir da auch spontan eine ganze Menge ein, na und? Die Gedanken sind ja bekanntlich frei, aber diesejenewelche gehören nun wirklich nicht hierhin, sondern weggeschlossen. Die behalte ich für mich. Da müssen Sie schon selber mal zu Schmölzgen und sich Frau Rebscher-Hülshoff angucken. Und das wird schwer für Sie, denn ich habe aus rechtlichen Gründen den

Namen der Papeterie und auch den derer der von Frau Rebhoff geändert. Vielleicht sind es ja Anagramme?! Läge im Trend. Wer weiß. Nippes allerdings stimmt. So, das muss reichen. Und überhaupt: Sie sollten Ihre Energie jetzt auch nicht mit Rätseln verschwenden. Schließlich haben Sie ein kurzweiliges Buch in den Händen, und das will gelesen werden. Und es trägt nicht den Titel „Annika Rebscher-Hülshoff – auf der Suche nach dem Zauberpulli", sondern „Rampensau – aus dem Tagebuch eines Büttenredners". Womit wir endlich beim Thema wären.

„Kann ich irgendetwas für Sie tun?", weckt mich Fräulein Annika kunden- und umsatzorientiert aus meinen unbezwungenen Kindheitserinnerungen.

„Ich – ähm, ich, also – na ja …", sprudelt es förmlich aus mir heraus.

Na, herzlichen Glückwunsch, Herr Metzger. Da sprechen Sie täglich unfallfrei vor Tausenden von Menschen, aber Anita, das personifizierte Bauchnabelpiercing, löscht Ihnen durch bloße Anwesenheit den halben Duden aus dem Denkbrei. Hervorragende Selbstkontrolle! Respekt. Da lacht der Koala und fällt von der Palme.

„Ich. Ähm. Tagebuch?"
Gott sei Dank, es ist raus.

Gut, man hätte es im ganzen Satz formulieren können, aber Anja Hülscher hat wohl schon schwierigere Fälle gehabt, versteht mein Rudimentärgebrabbel und präsentiert mir freudig erregt eine Batterie von tagebuchtauglichen Blattsammlungen, die alle eines gemeinsam haben: Innen sind sie leer und außen verstörend naiv bemustert. Genau wie ich. Innen geistige Ebbe und außen ein netzhautverachtendes Karokostüm. Ergo: Ich bin ein Tagebuch. Ohne Pony. Schwachsinn, Wahnsinn oder Genie? Habe ich eigentlich noch eine Zeitung auf dem Kopf? Ob Frau Anke Rebell-Honeymoon wohl ein oder zwei Kinder möchte? Oder gar schon eines mit in die Beziehung bringt? Könnte ich mir wohl trotz der ganzen Hektik den ein oder anderen Nachmittag im Monat für eine Psychotherapie freischaufeln? Die Session fordert ihren Tribut.

Schwächelnd überhöre ich den durchaus fundierten Vortrag meiner Kundenberaterin, lehne zitternd an Schmölzgens Wasserspender und beobachte durch die nicht mit Sonderangebotspapptafeln zugeklebten Schaufensterflächen die Evakuierung von Nippes. Rosa Ponys schunkeln sich mit viel zu warm angezogenen Babyelefanten und hormongestressten Koalas Richtung Agnesviertel und geben mir nur selten den Blick frei auf die mit Sonderangebotspapptafeln zugeklebten Schaufenster auf der anderen Straßenseite.

Doch da! In dem Moment, als Traumpullover-Alina die Stimme anhebt zum ultimativen Verkaufsargument, just in diesem Moment sticht mir andererstraßenseits ein Leuchten in die Augen, das sich, wie ein Schein, der den Gral umspielt, um ein Objekt schmiegt, um es unter all den Millionen und Abermillionen von Produkten, die in den Auslagen der Neusser Straße vor sich hin dümpeln, hervorzuheben, um es dem Suchenden zu erleuchten, um – so war ich mir sicher – mir den Weg zu weisen in eine bessere, verständnisvollere Welt!

Ähm. Na ja. Weniger Pathos, Herr Metzger! Eigentlich war es nur eine kaputte Stromsparlampe, die nervig flackernd über einem Pappkarton baumelte. Aber es war die Lösung. Also, nicht der Pappkarton, den hätte ich ja auch in der Papeterie kaufen können, der Inhalt verhieß geistige Genesung:

Anthrazitfarbenes Gehäuse – Männerpink!, wie ich es gerne nenne –, ungemustert, klare Linien, daneben ein Aufsteller mit mindestens zwei Seiten voll von technischen Details, von denen ich ehrlicherweise nur den Preis lesen und verstehen konnte, aber die mir sagten: Das Teil ist gut, das Gerät ist begehrenswert, die Maschine kann was, die willst du unbedingt brauchen müssen, Herr Metzger!

Ja, ich hatte es gefunden: das Männertagebuch.

Ein Männertagebuch braucht Strom und petrolblaue Kontrollleuchten, ein Männertagebuch muss der Bedrohung durch Viren standhalten und gebackuped werden, damit keine kostbaren Erinnerungen verloren gehen, das Männertagebuch muss den Reiz bergen, seine ihm anvertraute Lebensgeschichte gehackt zu wissen. Es muss so klein sein, dass es als Handy durchgehen könnte, und dennoch so groß, dass man 140 Jahre alt werden muss, um mit all seinen Erinnerungen der Festplatte lediglich ein müdes Gähnen abzuringen.

„Das da will ich!", bedeutete ich unverblümt dem indischen Experten hinter der Kaffeebar und zeigte auf den ausgeschaufensterten Laptop, der meines Erachtens weltweit seinen Meister suchen könnte, pfiff ein Loblied auf den Erfinder der Mastercard und verließ Sekunden später als Autor in spe den Laden, der für mich fortan als Weltzentrale des gepflegten Im- und Exports galt.

Ja, schon.
Irgendwie schon...

Sicherlich taten mir die Tränen der erschöpft aus Schmölzgens Schaufenster blickenden Anka leid... aber wir hatten einfach keine gemeinsame Zukunft. Weder geschäftlich noch privat. Ein Mann muss halt tun, was... na, Sie wissen schon. Die Macht der Poesie und der Literatur hatte von mir Besitz ergriffen und nötigte mich umgehend damit zu beginnen, meine Gedanken der Nachwelt aufzudrängen. Und gerne wäre ich dieser Macht ohne Umschweife zu Diensten gewesen, sofort, ohne Wenn und Aber... Aber die Betriebsanleitung des bescheuerten Laptops hatte anderes mit mir vor...

Kapitel 2

Die zielorientierte Flucht
Oder: „Em golde Kappes"

Ich bin sicherlich kein Sommerföhner, nein-o-nein, aber die hochtechnisierte Welt macht mir bisweilen doch ein wenig Angst. Nicht wirklich oft, aber so alle einzweidrei Tage kommt dieses fiese Gefühl rücklings anspaziert ... und Hand in Hand mit ihm der initiierende Gedanke an ... überstürzte Flucht!

Und dann fliehe ich ihr initiiert und ungeföhnt davon, der Angst vor dem technologischen Scheitern und vor der bitterbösen Welt im Allgemeinen, die ich ohne grammatisch versemmelte Betriebsanleitung nicht mehr zu verstehen vermag. Natürlich, die Zehn Gebote sind mir ein Leichtes und als Grundlage des zumeist katholisch-kölschen Betriebssystems ansatzweise schon gar nicht verkehrt, aber wenn es darum geht, einen bundesweiten Laptop ans Funktionieren zu bekommen, erweist sich die Bibel in vielen Fällen als äußerst lückenhaft. Zumindest das Alte Testament, das Neue hab ich noch nicht durch. Das würde auch zu lange dauern, denn meine Angst ist jetztzeitig und das Neue Testament ist einfach zu wuchtig für die schnelle Eigentherapie. Stört auch beim Weglaufen, das dicke Buch. Ständig rennt man gegen unüberlegt platzierte Laternenpfähle und erntet unnötige Kopfschmerzen.

Und dann brauchst du ganz schnell Thomapyrin. Aber diese Lösung hilft eben auch nur gegen die Kopfschmerzen und ist somit keine universelle. Auch wenn geschwindigkeitsmäßig der körperverwandte Baustein Lysin die Wirkung quasi schon bereits vor der Einnahme des Arzneimittels beginnen lässt, mir ist damit nicht geholfen. Ich brauche da eher was Stimmungsaufhellendes. Aber bevor ich mir meine Psyche von überteuerten Placebos aus Presspappe verarschen lasse – die ich mir wohl auch in der Papeterie Schmölzgen hätte kostengünstiger selber basteln können –, vermeide ich einfach durch schlichtes Ignorieren des neuen Testaments jegliche Form von kopflastigen Laternenschmerzen, lasse meine Angst verdutzt vor der Apotheke stehen und laufe flugs von dannen. So.

Denn wenn Apostel und Apotheke schon nicht helfen können, bleibt kurzfristig gesehen eben nur die Flucht. Oder man sucht eine Lösung mit „B", oder eine mit „C"... Aber weil du dir aufgrund langjähriger „Stadt-Land-Fluß"-Erfahrungen deiner B/C-Schwäche vollends bewusst bist, führst du die hastige Problemlösung direkt mit „D" durch und verhedderst dich gedanklich ohne Umschweife wieder im gestrickten Dienstleistungspulli von Frau Pappe-Schmölzgen, der dich in letzter Konsequenz ja erst in den ganzen Schlamassel eingefädelt hat.

Ach herrje.
Ein Teufelskreis.

Das pure Fliehen hingegen ist kurzfristig gesehen nahezu erleichternd. Dummerweise ist es leider längerfristig gesehen, also, nicht direkt längerfristig gesehen, mehr so kurz-nach-kurzfristig gesehen, also, eher mediumfristig – mit der Tendenz zu englischfristig – um es in der kulinarischen Sprache von Manfred, dem Koch vom Kappes, auszudrücken – also, englischfristig gesehen ist das Fliehen allerdings ebenso frustrierend wie erleichternd. Denn wenn man erst mal Hals über Kopf losgelaufen ist, merkt man doch schneller als erwartet, dass Fliehen an sich seine therapeutische Wirkung erst so richtig entfaltet, wenn man was hat zum Wohinfliehen. Sprich: Ohne Ziel fliehst du dir den Wolf. Und dann bist du nicht nur immer noch verängstigt, sondern auch noch wund im Schritt. Und das leider längerfristig.

Will sagen, man fristet sein Leiden länger, intensiver und hoffnungsloser, denn Salbe gibt es nur in der Apotheke... und vor der steht ja deine Angst, guckt dumm aus der Wäsche und überwacht die Ladenöffnungszeiten.

Man könnte in diesem Zusammenhang die These aufstellen, dass sich durch einen ruckartigen Rückschritt in der Technologisierung und der damit verbundenen Reduktion der gesellschaftlichen Angstzustände die Öffnungszeiten der pharmakologischen Dienstleistungsbetriebe ins fast 24-Stündige ausweiten ließen. Andererseits, wenn keiner mehr Angst hat vor dem Hightechplunder, geht ja auch die Anzahl der geflüchteten Wölfe gegen null... ich finde, auch das birgt eine gewisse Logik.

Huch-hoppela, du doofe Logik!, sagt daraufhin die These, wackelt fröhlich und fällt um.
Na gut. Lassen wir sie einfach mal liegen. Vielleicht zieht Karneval ja mal wieder einer als Luther durch Nippes, hebt sie auf und nagelt sie an eine Apothekentür.
Und dann stehen da plötzlich ganz viele Menschen, lesen entrückt den Aushang und versperren den Eingang. Das wäre fatal. Ist aber nicht ausgeschlossen. Daher bitte nicht vergessen: Wer flieht, sollte zumindest ungefähr wissen, wohin!

Klingt zunächst selbstverständlich, aber auch ich habe das durch zahlreiche Fluchten erst einmal lernen müssen! Wie oft bin ich einfach technologisch-aufgeschreckt losgelaufen und stand dann irgendwann allein im Stadtwald, merkend, dass Eichhörnchen zwar im Extremfall lecker schmecken, aber im therapeutischen Gespräch eher eine zurückhaltende, nahezu devote Haltung einnehmen, zugegebenermaßen statthaft, da sie ja meistens von Computern aber auch wirklich gar keine Ahnung haben.

Daher merke: Im Angstfall unbedingt zielorientiert flüchten!

Weiterführend beachte der Flüchtende schon während der Startphase der Flucht eindringlichst auch die elementare Frage nach dem „Woher?". Was nützt es denn am Ende der Kondition, bei gegrilltem Eichhörnchen ohne Senf im Stadtwald zu hocken, seine Angst zwar abgehängt zu wissen, aber keinen Schimmer mehr zu haben, wo man eigentlich wohnt. Doof doch, das! Man kann ja nicht einfach eine

Hütte bauen und darauf warten, dass einen Dörte, der dienstleistende Doppel-D-Pullunder, zufällig beim Feierabendjogging aufspürt, abschleppt und einem an Schmölzgens Wasserspender treu und ergeben die seelischen Wunden reinigt.

Und wenn schon! Wenn man nicht mehr weiß, wo man wohnt, was soll man dann bitte bei Schmölzgen? Gut, man könnte sich einen netzhautverachtenden Briefblock kaufen und damit beginnen, seine Erlebnisse in einem Tagebuch festzuhalten ... Na ja nun, zugegeben, gar nicht mal so fern ab der Realität, nicht wirklich nah dran an der Realität, aber so ganz weit weg auch nicht, kommt es mir doch gerade so vor, als hätte ich Ähnliches schon höchstselbst erlebt?! Aber das sind nur vage Erinnerungen. Krimskrams. Killepit. Seelentinnef. Also weg damit! Denn im Ernstfall zählt nur fundiertes Fachwissen.

Daher merke auch: Im Fluchtfall nie seine Wurzeln vergessen!*

(*Also, kurzfristig schon, sonst rennt man unentwurzelt los und fällt gleich zu Beginn auf die Schnauze. Man betrachte den Merksatz daher bitte englischfristig: Kurz entwurzeln, loslaufen, aber trotzdem nicht vergessen, wo das Loch zurückgeblieben ist!)

So. Genug der unaufgeforderten Beratschlagung. Das hier ist ja schließlich kein Fach- oder Sachbuch, sondern ein belletristischer Erguss mit unterhaltender Zielsetzung. Ein Lachbuch, quasi. Völlig unverbindlich natürlich. Sie können es selbstverständlich nach Lust und Laune zweckentfremden, es gehört ja schließlich Ihnen, da gehe ich jetzt einfach mal von aus. Wenn nicht, einfach nur lesen und dann dem Eigentümer zurückgeben ... das wäre fair, weil, na ja, sagen wir mal so: Ich persönlich besitze zirka einhundertvierzig Bücher – und die brauchen im Regal lediglich achtzig Zentimeter Platz ... wenn Sie verstehen, was ich meine. Aus den Augen – aus dem Regal! Und Ikea hat noch so viel Holz. Genug jetzt. Weiter:

Ich muss schleunigst zurück zum Wurzelloch. Sonst wächst da nachher noch eine Hecke und ich stehe auf der Straße. Und dann ist es vorbei mit dem Grimme-Preis. An- und ausgelacht. So schnell kann es gehen. Nun denn, wie hatte das Kapitel noch gleich begonnen? Ich denke, es ging in etwa so:

„Ich bin sicherlich kein Sommerföhner, nein-o-nein, aber die hochtechnisierte Welt macht mir beizeiten doch ein wenig Angst. Nicht wirklich oft, aber so alle einzweidrei Tage kommt dieses fiese Gefühl rücklings anspaziert ... und Hand in Hand mit ihm der initiierende Gedanke an ... überstürzte Flucht!"

Der im vorauseilenden Kapitel beschriebene Tag, an dem ich zunächst freudestrahlend mit einem Laptoppappkarton unter dem Arm die Neusser Straße Richtung Heimat spazierte, dieser erwähnte Tag sollte sich alsbald schicksalsschwanger als einer dieser Einzweidrei herausstellen, an denen ich, hätte ich mich das ein oder andere Mal misstrauisch umgeschaut, hätte merken müssen, dass die technologische Angst mir schon auf den Fersen war. Mein glückshormonell verklärter Blick ließ mich bis dato nicht einmal registrieren, dass jene unrühmliche Angst die Dreistigkeit besaß, mich in Höhe der Papeterie Schmölzgen – an der ich kurz innehielt, um mein Männertagebuch der deutschen Meisterschale gleich kopfüber in den Himmel gereckt der erstaunten Frau Droste-Hülsdongk zu präsentieren – zu überholen, um mich heimtückisch grinsend in meinen eigenen vier Schrägen in Empfang zu nehmen.

Und da waren wir nun also.
Das Laptop, die Angst und ich.
Unangenehme Situation.
Was tun?

Jedenfalls nicht lange grübeln, sondern bäuchlings handeln! Gesagt, gehandelt! Als ich jedoch gerade dabei war, Mut zu finden und mit restzittrigen Fingern dem Pappinferno die multilinguale Gebrauchsanweisung zu entoperieren, brach ein türwärtiges Geläut durch die Stille und ließ mich umgehend zum Einlass eilen. Unbedacht öffnete ich dem Schellenden mein Heim und erschrak – hui! –, denn vor der Türe stand lässig lächelnd ... der initiierende Gedanke an Flucht!

Instinktiv ergriff ich alle beide. Also zunächst den Gedanken, und nach mediumfristiger Orientierungsphase die Flucht! Ich wusste, irgendwann, so dachte ich treppab-stufenspringend, irgendwann zahlt es sich aus, im fünften Stock zu wohnen! Und dieses Irgendwann war genau jetzt, denn das unkontrollierte Bergabgehopse entlöste meinem Gedächtnis das rettende Einmaleins des Flüchtigen:

Merke: Im Angstfall unbedingt zielorientiert flüchten!
Merke auch: Im Fluchtfall nie seine Wurzeln vergessen!

Da ich mir nach zehn Treppenabsätzen meiner Wurzeln mehr als bewusst war und nicht Gefahr lief, diese jemals zu vergessen, galt es, sich nun in erster Linie über das Ziel der Flucht Gedanken zu machen.

„Lo-lo-los, He-he-Herr Met-t-t-tzger, de-denk na-na-nach!" Haben Sie schon einmal versucht sich – auf einer Rüttelmaschine festgeschnallt – Gedanken über das Frühwerk von Immanuel Kant zu machen? Nein? Dann lassen Sie das auch besser. Ich glaube, es könnte äußerst ernüchternd sein. Denn schon beim Treppenhausshopping mit unterschätzter Geschwindigkeit ist man noch kaum in der Lage, sich aus den im Kurzzeitgedächtnis verschraubten einhundertfünfzig Destinationen auch nur eine spontan auf den Bildschirm zu holen! Will sagen: Überlassen Sie die Entscheidung Ihren Beinen oder vergessen Sie einfach Merksatz 1 und versuchen Sie im Stadtwald so lange zu überleben, bis Schmölzgens Feierabend machen.

Da der Morgen noch graute, der Feierabend noch in weiter Ferne lag und ich eh nicht so der Naturbursche bin, überließ ich die Entscheidung meinen Beinen. Und das war auch gut so, denn instinktiv trugen mich die beiden langjährigen Kameraden fort von der Angst und hinein in die heile, handgeschnitzte Welt meines Nippeser Stammbrauhauses „Em Golde Kappes", wo Kölsch noch eine Lebenseinstellung ist und aus traditionell-technologieverweigernden, weil kundenorientierten Gründen selbst kohlensäuregestützte Zapfanlagen keine Anwendung finden. Bravo! Wenn das Kölsch nicht freiwillig aus dem Fass kommt, dann will es eben nicht! Oder es hat Angst vor der Technologie. Und dann läuft es weg. Wär doch schade drum!

Genauer gesagt trugen meine Beine mich übrigens nicht nur hinein, sondern gleich hindurch bis zu den sanitären Anlagen. Aber das liegt wohl in der Natur der Dinge. Dennoch: Gut gemacht, Jungs! Großes Hallo! Auf euch ist Verlass. Danke, auch im Namen aller Kollegen.

Nicht ganz unwichtiger Nachtrag aufgrund erst kürzlich gesammelter Erfahrungen:

Zur Wirksamkeitssteigerung der oben gelernten Merksätze sollte man diese eventuell um einen weiteren – nicht unerheblichen – ergänzen: Merke! Solltest du den bekannten Auslöser deiner technologischen Angstattacke zum Beginn deiner Flucht noch in den Händen halten, lass ihn besser mal schleunigst fallen, sonst bleibt die Flüchterei bis zum St. Nimmerleinstag wirkungslos!

Ziemlich wichtiger Nachtrag zum besseren Verständnis des obigen Nachtrags:

Den vorstehenden Nachtrag habe ich im Brauhaus sitzend mit den Zähnen in einen Bierdeckel gebissen, als ich beim verzweifelten Versuch, mein mir umgehend zur Verfügung gestelltes Kölsch zu ergreifen, bemerkte, dass ich die angstauslösende Bedienungsanleitung des Laptops immer noch fest umklammert in Händen hielt. An dieser Stelle noch einmal herzlichsten Dank an die Köbesse vom Kappes für die freundliche Entkrampfung und das anschließende gemeinsame Studium der Fachliteratur. Danke! Ohne euch hätte es dieses Buch wohl nie gegeben. Der heilige Jakobus bitte für euch ...

Kapitel 3

Erste Tagesbuchung
Oder: Die Manfredisierung meiner Person

„Ich bin mit der Manfredisierung
meiner Person nicht einverstanden!"

So. Und jetzt pass mal auf, du Elektrogesindel!

Nachdem ich nunmehr jeden mir von der Karnevalistenrestzeit zur Verfügung gestellten kostbaren Bruchteil damit verbracht habe, im „Golde Kappes" Kölsch konsumierend deine niederträchtige Bedienungsbibel nicht nur zu lesen, sondern sogar weitestgehend in mich aufzunehmen, verlange ich jetzt geradeheraus von dir, dass du gegenleistend ab sofort als mein Tage-Laptop zu funktionieren hast und meine seelischen Unstimmigkeiten ohne Widerworte auf deine feste Platte brennst! Oder wie auch immer das heißt. Im Nichterfüllungsfall stelle ich mir frei, deinen trendgestylten Laptopdeckel mutwillig mit naiver Malerei zu verunstalten und dich vorübergehend bei Schmölzgens öffentlich zur Schau zu stellen ... Wollen wir das denn wirklich? Muss es denn wirklich so weit kommen? Ich sehe, wir verstehen uns. Und nun aufgemerkt, du Ding. Die Geschichte mag begonnen werden ...

Liebes Tagetop,

die Session fordert ihre ersten Tribute. Nicht nur das närrische Volk haspelt von einer frohsinnserweiternden Festivität zur nächsten, auch der gemeine Redner kreiselt wie von Sinnen durch die einschlägigen Saalanlagen und beginnt mit wachsender Begeisterung an der Existenz einer nichtkarnevalistischen Parallelwelt zu zweifeln. Wo soll das alles noch enden? Die kürzeste Session der letzten Triaden entfremdet aber auch wirklich jeden im Herzen Bepappnasten auf das Übelste. Der Karnevalsvirus hat uns alle gepackt, Schunkelfrost und Tuschfieber lassen das Immunsystem hart an der Überlastungsgrenze grölen, das Zeit-Pointe-Verhältnis gerät aus den Fugen und macht somit dem teuflischen Narren in uns Platz für die Selbstinjektion der fastelativen Überdosis.

Nein, liebes Tagetop, ich bin nicht betrunken und ich habe auch keine Tube Klebstoff in der Nase, ich habe lediglich ein wenig zu viel von einer Sache verkonsumiert bekommen, die bislang noch nicht einmal unter das Betäubungsmittelgesetz fiel, aber die durch ihre momentane Konzentration dermaßen berauschend wirkt, dass ich mir ernsthaft Gedanken um meine geistige Leistungsfähigkeit mache. Der Karneval will sich dosiert verköstigt wissen, da er sich seines Suchtpotenzials im Grunde ja bewusst ist, aber die Dosierungsanleitung muss wohl im letzten Jahr irgendwo auf den Zugweg gefallen sein, dann ist da eine berittene Prunkarmee drüber, und ruck, zuck war sie Matsche. „Guck doch mal einer, wann Ostern ist!", forderte daraufhin geistesgegenwärtig der designierte Prinz, ohne sich allerdings darüber im Klaren zu sein, was er mit dieser indirekt veranlassten Terminierungslösung anrichten würde.

Die Ultrasession 2008 ist in meinen müden Augen ein karnevalistisches Instantpulver, das auf Jahrzehnte gestreckt werden müsste, um unbedenklich genießbar zu sein. Sülz nicht durch die Gegend, Metzger, Klartext: Die Session 2008 ist einfach nur unverschämt kurz. Und wir werden alle bekloppt. Achgottachgott. Ich glaube, ich stehe bereits mit meinen viel zu großen Clownschuhen am Rande des wahnsinnigen Abgrundes, andere, so scheint mir, haben den finalen Hopser bereits gemacht. Da bin ich mir sicherst! Wie sonst lässt sich eine Ansage wie die nachfolgend zitierte, die ich daselbst am heutigen Tage über mich ergehen lassen musste, in irgendeiner Form erklären:

„Liebe Karnevalsfreunde, liebe Freunde der Großen Rot-Weißen Karnevalsgesellschaft Blau-Grün Lappengarde Köln-Altstadt Süd von 1623, 1748 und 1822 nachgetragener Verein, hier im Gürzenich zu Köln, ich denke, ich habe Ihnen nicht zu viel versprochen, dieser Mann ist wirklich die Rampensau des Kölner Karnevals, der Schutting-Star der Session 2008, ich bin stolz, ihn seit Jahren einen Freund nennen zu dürfen, und darf ihn an dieser Stelle noch einmal kurz vorstellen, in der Rolle des Blötschkopp, für Sie: Manfred Metzger!"

Da hat der Mensch mich doch siegessicher „Manfred" genannt?! Ich glaubte zu brennen! Zwar sollte man sich über solche Irrungen anderer nicht persönlich aufregen, aber wenn man an einem nur einzelnen Tage von vier unabhängigen Instanzen „Manfred" geheißen wird, dann wird man schon leicht hibbelig im Gemüt. Manfred! Und das vier Mal. Fürs Protokoll: Ich bin mit der Manfredisierung meiner Person nicht einverstanden! Ich bin bereits seit 35 Jahren im Besitz eines mir eigens katholisch angetauften Vornamens. Der ist mir satt und genug. Und gut klingen tut er auch. Und wenn er mir jetzt wieder einfallen würde, täte ich ihn rückwirkend diesem ahnungslosen Präsidentenersatzstoff kund und... scheiße, jetzt habe ich doch glatt meinen Vornamen vergessen, so weit ist es schon gekommen, das kann und darf ja wohl nicht wahr sein...

Aber es musste ja so kommen, es war ja förmlich ahnbar. In nur einer Woche vierzehn neue Vornamen, acht neue Nachnamen und fünf neue

Künstlernamen ... im Übereifer angesagt von bereits sessional verwirrten Moderationsbrötchen, da wird man doch unsicher in der Persönlichkeitsfindung, da weiß man doch kaum noch, wer man eigentlich ist, da kommt doch kein Kirchenmann mehr mit dem Taufen nach, und nachher bleibst du für immer im Bach. Die Schizophrenie wird mir ja förmlich aufgedrängt. Und am Ende will es wieder keiner gewesen sein. Und dann ärgern wir uns. Im Bach. Ich und der neben mir. Denn schizophren sind ja bekanntlich zwei. Wenn das hier allerdings so intensiv weitergeht, dann muss ich wohl bald mit dem Bus fahren ... aber da kommst du nass nicht rein! Zwickmühle, listige!

Ich sollte mir all diese Namensgeschenke der letzten und kommenden Tage verbeamtlichen lassen. Raus aus dem Gedächtnis und rein damit in die Papiere, auch auf die Gefahr hin, dass ich dann der einzige Rheinländer mit einem achtseitigen Personalausweis bin. Aber ich hätte die Namensanhäufung etwas übersichtlicher unter Kontrolle! Und wenn ich im nächsten Jahr wieder mal vorbeischauen soll, dann ist der Sitzungsleiter von Amts wegen dazu verpflichtet, alle meine Namen der Narrenschar zu verkünden! Und wenn er eine Viertelstunde nur damit beschäftigt sein sollte – den Manfred bekommt er zurück!

Weißt du, liebes Tragetop, mir hat vor unzählbaren Jahren einmal ein bereits damals etablierter Kollege gesagt: „Manfred!", hat er – nein – streichen Sie das – „Marc!", hat er gesagt: „Es kommt der Tag, da willst du urplötzlich keine Menschen mehr sehen. Da geht dir auf einmal das ganze Tirili-Tirilei nur noch auf die Nerven. Irgendwann wird dieser Tag für dich kommen!" Eigentlich halte ich nichts von solchen Prophezeiungen, kenne auch das genaue Datum noch nicht, aber ich glaube, wir sind ganz nah dran ...

Bitte sei so großherzig und behalte diese grenzwertige Aussage für dich, schluck sie einfach und halt die Platte. In den falschen Ohren könnte dieses Zitat laufbahnverkürzend wirken. Und damit wäre uns nicht wirklich geholfen. Keine Laufbahn, kein Ziel. Kein Ziel, kein Sinn. Und somit müssten wir dann frei von jeglicher Zukunftsorientierung im Stadtwald Eichhörnchen grillen und bei Schmölzgens zu Kreuze kriechen, um Strom für deinen Akku zu erbetteln ... nein, nein, meine Vorstellung vom Leben weicht, wenn auch nur geringfügig, von zuvor erwähnter Vorstellung ab. Und wie es letztundendlich laufen wird, weiß eh nur der Wind, aber den frage ich nicht. Den Wind kann ich nicht leiden, von dem bekomme ich nur einen Zug und dann wackel ich mit steifem Hals und heiserer Stimme von der Laufbahn ab und verheddere mich in einer Brombeerhecke. Was soll ich da? Ich glaube, das wird ziemlich schnell langweilig. Also lassen wir es einfach mal kommen, das Leben. Abwarten und Brombeermarmelade essen. Und immer die Türen geschlossen halten, falls der Wind einmal meint, mir was erzählen zu müssen. Das will ja keiner hören. Irgendwann mach ich dann vielleicht mal ein Fenster auf und lese nach, wie es war. Praktisch dann, so ein Tagebuch. Quasi jetzt schon im Nachhinein nicht nur von therapeutischer, sondern auch von individuell historischer Bedeutung. Man schreibt einfach alles in der Vorwelt auf, damit die Nachwelt später weiß, wie alles begann. Die Nachwelt wäre natürlich in diesem Falle ich. Und ganz viele andere um mich herum, gesetzt den Fall, es wird ein Buch draus gemacht.

Ein Buch? Ähäm, zutiefst verwirrender Gedanke. Kurze Bedenkzeit, Köbes: Kölsch!

Hm, lecker. So. Jaaaa ... nun dann: Lieber eventuell anzunehmender Leser! Sollten die vorausgeeilten Zeilen aus mir im Jetzt noch unerklärlichen Gründen im Falle einer unbedachten Taschenbuchproduktion nicht gestrichen worden sein, sehe ich mich gezwungen, die letzten Absätze versöhnlich zu kommentieren. Bitte verstehen Sie eben diese nicht falsch ... Keine der Anspielungen zielte auf Sie, Sie habe ich nicht gemeint! Ich liebe mein Publikum, glauben Sie mir das bitte. Und als Leser zähle ich Sie unweigerlich zur Gruppe Publikum hinzu. Jaja. Ich habe mein Publikum immer geliebt, gut, ich kann mir im Speziellen nicht alle Namen merken, aber ich liebe mein Publikum, meinetwegen auch pauschal! Bitte verfolgen Sie dies in meiner Öffentlichkeit: Ich sage konsequent am Ende eines jeden Erscheinens meinerseits ganz spontan: „Sie waren das beste Publikum, das ich je hatte!" ... und das meine ich bereits zu Beginn des Auftrittes abgrundtief ehrlich!

Klar, der ständig gegen den Wind denkende Freund der traditionellen Büttenrednerkunst wird nun erregt-heiter einwerfen: „Haha!", wird er einwerfen: „Haha! Wenn Sie doch Ihr Publikum so abgrundtief lieben, warum lassen Sie es dann nicht einfach in Ruhe? Warum machen Sie denn ständig die erste Sitzreihe verbal darnieder? Das ist doch ungehörig! Dass da mal keiner sitzt in der ersten Reihe, das würde ich Ihnen gönnen, dann ständen Sie aber mal ganz dumm da!" So weit der vermutliche Einwand. Sagen wir mal so, lieber fiktiver Kritiker, wenn in der ersten Reihe keiner sitzt, dann nehme ich hoppla hopp die zweite, und da sitzen dann höchstwahrscheinlich Sie, weil Sie hinter der ersten Reihe blickdichte Deckung vermutet haben. Schwacher Plan, das. Ätsch. Mal ehrlich, den Grund dafür, dass ich gerne meine Spielkameraden in der ersten Reihe suche – ob es meine Kurzsichtigkeit ist oder meine übersteigerte Bequemlichkeit oder werweißwassonst – den Grund kenne ich selber nicht. Und eine Therapie wäre hier auch nicht rentabel. Fakt allerdings ist, dass ich persönlich die Besitzer der jeweiligen ersten Reihe mittlerweile als karnevalskonsumierende S/M-Fraktion bezeichne. Die wissen doch ganz genau, dass es von mir immer rhetorisch was auf die Fresse gibt, setzen sich aber trotzdem schier willenlos da hin. Da stellt sich doch die Schuldfrage von selbst hinten an. Oder nicht?

Nenene. Es sei hier ausdrücklich festgehalten, dass ich generell wirklich nichts gegen die erste Reihe – als Einzelleser zähle ich Sie einfach mal dazu – und die dort aufgestuhlten Personen habe. In einigen wenigen Ausnahmefällen jedoch hofft man allerdings schon, dass die besprochene Klientel nicht unbetreut an der Veranstaltung teilnimmt. Wie sag ich es nur ...

Waren Sie, geliebter Leser – und diese Frage stelle ich bewusst Ihnen, denn sie einem Laptop zu stellen, wäre sinnlos –, waren Sie einmal Messdiener? Ja? Und haben Sie den Totensonntag noch in Erinnerung? Auch „Ja"? Fein. Wenn nicht, legen Sie das Buch bitte kurz beiseite, schnüren sich Ihre Wanderstiefel, laufen los, klopfen an die Pforte der nächstansässigen Kirche katholischer Neigung und lassen sich dort von einem dienenden Jungmenschen aus frischer Erfahrung vom

Totensonntag berichten. Betrachten Sie im Anschluss den Bericht als selbst erfahren, kehren Sie freundlicherweise zurück dorthin, wo das Buch liegt, und beantworten Sie bitte meine zweite Frage nun ebenfalls halbwahr mit „Ja". Das wäre echt nett von Ihnen. Sonst geht es ja hier nicht wirklich weiter. Vielen Dank für Ihre Mühe.

Haben Sie den Totensonntag noch in Erinnerung? Jetzt ja? Fein. Der Totensonntag ist nämlich eine rauschende Ballnacht im Vergleich zu einer sogenannten Fremdensitzung in den einschüchternden Gemäuern des altehrwürdigen Gürzenich. Zugegeben, bei einer Fremdensitzung lahmt schon die Bezeichnung an sich, denn Fremde, wie im Titel suggeriert, sucht man auf diesen Veranstaltungen vergebens. Das heißt nicht, dass der aus der Fremde kommende Karnevalskonsument nicht willens wäre, eine solch missionarische Folkloreveranstaltung zu besuchen, nein, er kommt lediglich nicht an Eintrittskarten, denn die kauft alle der Kölner. Tourist-Watching nennt er dann intern diese Veranstaltung, auf welcher er meint, eifelstämmigen Auswärtigen beim Imitieren des Kölner Karnevals zuschauen zu können und sich darüber höchstköstlich zu amüsieren. Einziges Manko: Tourist-Watching ohne Tourist ist streng betrachtet nur Watching. Also kein Schunkling, Klatsching oder Mitsinging, sondern lediglich entanglifiziertes stumm-regungsloses Gestarre. Das spürt dann auch der Redner, wünscht sich für den nächsten Auftritt wieder ein rein kölsches Publikum und verlässt die Andacht. Zurück bleibt ein mit Kölnern inkognito gefüllter Saal, dessen Stimmung vom Überkochen so weit entfernt ist wie ein Topf Gazpacho kurz vor Sommereinbruch. Und während die Touristen sich in Ermangelung von Eintrittskarten in der Altstadt das kölsche Flair in die Köpfe kippen, sitzt der Kölner unter sich im Gürzenich und empört sich regungslos über das ignorante, fast brauchtumsverweigernde Verhalten der anscheinend Auswärtigen.

Fremdensitzungen.
Ziemlich befremdlich, diese Sitzungen ...
Einhundertvierzig erste Reihen hintereinander.
Der zuschauertechnische Supergau.
Doch das Leben geht weiter.

Und zwar sehr erregt, zurück zum Eklat: Ich bin, so sei hier erneut konstatiert, ich bin mit der Manfredisierung meiner Person nicht einverstanden! Diese respektlose Umfirmierung meines Egos ist unverzeihlich und schlägt mir regelrecht auf den Magen. Und der ist aus Zeitnot im Moment wieder mal leer. Vielleicht tu ich einfach mal was rein, in den Magen, damit der Bursche etwas widerstandsfähiger wird. Die Memme. Lecker Leberkäse mit Spiegelei und Bratkartoffeln sollte meine Abwehrkräfte doch wieder ans Jauchzen bekommen ...

Und keiner spiegelt Eier so zauberhaft auf Leberschnitzel wie der Koch vom „Golde Kappes" ... obwohl die Tatsache, dass eben dieser Küchenchef Manfred heißt, mir die Hoffnung auf den Erfolg dieser Schluckimpfung etwas trübt. Umtaufen wäre eine Möglichkeit. Vielleicht befrage ich zu dieser Maßnahme einfach mal den Hausherrn. Aber der heißt auch Manfred. Hallo? Habe ich was verpasst? Kann es sein, dass ich ein Gesetz nicht mitgeteilt bekommen habe, welches besagt, dass in Köln aus trendregulierenden Gründen Pflichtnamen wohnviertelweise verteilt wurden und Nippes Manfred zugeteilt wurde? Ist gar der gesamte Kölner Norden schon von der Lokal-Manfredisierung bedroht? Fragen über Fragen. Und Grübeln strengt an. Und Anstrengen macht Hunger. Und deshalb vertreibe ich mir jetzt meinen Weltschmerz und das daraus resultierende Magenknurren mit einer mutigen Portion original rheinischer Volkskost. Eine Variation von Leberkäse, Ei und Bratkartoffeln.

Ein Kleinod der typisch kölschen Kulinaristik, dessen Duft mir allerdings oftmals den Zweifel an einer vielleicht doch bayerischen Abstammung der Köstlichkeit durch die Nase in mein Hirn treibt ... aber da ist im Moment eh zu viel los ... für solche antipatriotischen Gedanken habe ich derweilen keinen Platz. Platz habe ich jedoch in meinem Magen, für genau eine Portion Leberkäse mit Bratkartoffeln und Ei. Womit der zeitnahe Weiterverlauf des Tages vorbestimmt wäre. Ich ernähre mich biologisch bedenkenlos und du, lieber Laptop, bekommst lecker Wechselstrom in den Akku! Mit Kölsch vom Fass und Strom aus der Dose werden wir das Kind schon Schunkeln. Schluss für nun, der Köbes naht. Mahlzeit.

Kapitel 4

Wenn's nicht läuft, dann läuft es auch
Oder: Der sterbende Schwan in 17 Minuten

Der sterbende Schwan in 17 Minuten

Vor einigen Tagen, lieber Tagetopf, liebes zeilenfressendes Publikum, verabschiedete ich mich auf unbestimmte Zeit von Ihnen, um meine Aufregung über die Tücken des Karnevalsalltages mit Eierleberkäse aus der Welt zu essen. Frust und Bratkartoffeln sind nunmehr verdaut, und was soll ich Ihnen sagen ... jetzt schmeckt es mir wieder, mein Rednerleben! Zugegeben, das ein oder unbekannte Gewürz stimmt meinen Gaumen noch bedenklich, aber das Filet an sich ist schwer in Ordnung. Es sind die unabdingbaren Beilagen, die mir beizeiten leicht säuerlich aufstoßen. Ich weiß, ich rede in Rätseln. Drum Klartext jetzt:

Der Karneval an sich ist auch in dieser Ultrasession echt dufte, aber das ganze Drumherum macht mich so langsam bekloppt! Das heutige Drumherum stellte sich zunächst als scheinbar völlig harmlose Garderobe dar, gehegt und gepflegt von einer Garderobenfachkraft kölscher Verankerung, die ich aufsuchte – also die Garderobe, nicht die Fachkraft –, um für die Dauer meines Engagements meiner Jacke Halt und Bewachung zu geben. Ahnungslos schwang ich meine Garderobe an die ihre – also nicht an die Garderobe der Fachkraft, sondern an das von ihr beaufsichtigte Aufbewahrungsmöbel – und schlich treudoof von dannen. Keine zwei Meter später erheischte ein bedrohliches Gebrüll meine Ohren:

„HEY SIE!" Schon den Anfang fand ich irgendwie unpersönlich, die Garderobiere hätte ihr Geschrei ja wenigstens mit „Hey, Manfred!" beginnen können, schon wäre ihr Anliegen etwas familiärer durch den Flur geschallt, aber nein, es brüllte: „HEY SIE! SIE KÖNNEN IHRE JACKE HIER NICHT EINFACH HINHÄNGEN!" Freundlich, wie ich es im katholischen Kindergarten gelernt habe, dröhnte ich in ihrer Muttersprache zurück: „HEY SIE! WARUM NICHT?" Worauf der Pelzbewacher antwortete: „WEIL, DAS IST HIER NUR FÜR GÄSTE!" Das leuchtete mir ein. Das hatte Hand und Fuß. Da waren keine Fragen mehr offen. Ich habe mir kurzerhand eine Eintrittskarte gekauft. Und dann stand sie aber dumm da. Ha!

Diese Beilagen sind es, verstehen Sie, die mir den Zweifel an den Tellerrand treiben ... Und das war ja jetzt nur eine Beilage, quasi nur ein pisseliges Bröckchen Blumenkohl. Wie sieht das denn aus? Das würde die Ehre eines Maître de Cuisine aber arg ankratzen, wenn neben dem übersichtlich auf dem Pizzateller drapierten Stück Rind lediglich ein blumiges Köhlchen unentschlossen hin und her rollt und den Gourmet zum Jäger werden lässt. Nein, auch Kohl braucht Freunde!, denkt sich der Koch und lädt die Beilagen zum lustigen Beisammensein ... Stückchen Brokkoli gefällig? Dann guten Appetit mit folgendem Beispiel:

Eine halbe Stunde später. Kurz nach dem Auftritt. Ich bin noch fünf Meter entfernt von der alcatrazstisch bewachten Garderobe. Meine Jacke hängt wohlfühlend erwartungsvoll ab. Alle Systeme laufen normal. Alle? Nein, die Wasserstandsanzeige meines körpereigenen Warnsystems weist mich durch ein bewusstes Stören meines Bewegungsapparates eindringlich darauf hin, schleunigst die nächstgelegene sanitäre Einrichtung aufzusuchen. Das Männergefühl hat von mir Besitz ergriffen, du hast nur eine Wahl, A) Pipi oder B) Platzen! Da ein geplatzter Redner all seine Auftritte stornieren lassen muss und das dem Klima in der Kölner Bevölkerung sowie dem Wachstum der Stadt erheblich schadet, entscheidest du dich pflichtbewusst für A. Man will ja schließlich der Stadt und dem Erdkreis weiterhin treu dienen und für Wohlstand und Heiterkeit sorgen. Gesülze. Kompletter Unsinn! Da drückt die Blase wohl schon aufs Gemüt, was schreib ich denn da? In erster Linie will man einfach nur nicht platzen. Das macht eine Riesensauerei! Und dann ist es vorbei mit der Heiterkeit. Und zwar mit der eigenen.

Da ich eh kaum was zum Lachen habe und eine weitere Heiterkeitsreduzierung kein schöner Gedanke ist, renne ich – vorbei an der vor der rettenden Keramikausstellung wartenden Schlange Gleichleidender, freundlich grüßend mit den Worten „Entschuldigung, Künstler!" – schnurstracks durch bis zum Ort der Befreiung. Die zurückgelassene Anakonda zischt mir noch, halb auf meine rührige Entschuldigung reagierend, halb drohend ein „Ab morgen ohne Zähne!" nach, aber das darf mich jetzt nicht belasten. Ein Mann muss tun, wenn ein Mann muss! Ah ... herrlich. Leicht und locker wie tags zuvor verlasse ich den Raum, schwenke auf Heim an und werde erneut durch ein Gebrüll zur Salzsäule: „HÖMMA!"

Da hat die Garderobiere echt mal ihre Beziehungen spielen lassen und die Cousine aus dem Vorgebirge in die große Familie der Saaldienstleister hineinadoptiert. Sprachlich unverkennbar verwandt. Ich schwör es. Nur noch ein kleines bisschen bodenständiger, erdverbundener möchte man fast sagen. Kein „Sie", kein „Manfred", kein Garnichts, was darauf schließen lassen könnte, dass ausgerechnet ich gemeint sein soll. Aber ich gehe dennoch mal davon aus, dass das Brüllende mich meint, denn heute scheint der Tag zu sein, den die dienstleistungsverweigernde Basis sich dazu auserkoren hat, Frau Annika Rebscher-Hülshoff, die von mir verschmähte und gedemütigte Bauchnabelpiercing-Ausstellung der Papeterie Schmölzgen, zu rächen.

„HÖMMA! 50 CENT." Soso. Aha. Nun ja. Die Worte kommen mir ja bekannt vor, nur der Sinn, der sich aus ihrer etwas lustlosen Anordnung ergeben soll, muss irgendwo im Gang verloren gegangen sein. „KOMISCH! ICH HÖR NIX!", spricht es aus mir, und irgendwie finde ich schon, dass diese Bemerkung einen gewissen Humor transportiert. Aber scheinbar nur bis zu der Stelle im Flur, wo auch der Sinn der auslösenden Aussage verloren gegangen ist. Denn er kommt nicht an, der Humor. Jedenfalls nicht bei der pflichtbewussten Hygienebeauftragten. „DAS KOSTET 50 CENT!", kontert sie meinen Versuch aus, mit meiner spontanen Fröhlichkeit auch abseits der Bühne leichter durchs Leben zu kommen.

Aber so schnell gebe ich nicht auf. Manchmal braucht es eben etwas länger, bis der entkorkte Humor sein volles Bouquet entfaltet: „50 CENT? DAS IST ABER GROSSZÜGIG VON IHNEN. DANKE. ABER WISSEN SIE WAS? ICH STELLE IHNEN DAS GANZE KOSTENLOS ZUR VERFÜGUNG!" Tusch. Das hat gesessen. Plötzlich ist es still im Gang, latent schlummerndes Lachen droht jeden Moment seinen Weg ans Tageslicht zu finden. Zum Platzen gespannt verharre ich im Gang und warte auf den verdienten Lacher ...

Als meine Kontrahentin nach knapp zehn Minuten immer noch nicht laut losprustet, wird mir allerdings so langsam bewusst, dass in Köln Humor scheinbar doch nur in geschlossenen Räumen mit Elferrat und Weinzwang stattfindet! Wobei zu bemerken sei, dass das Wort Weinzwang im Zusammenhang mit einem fröhlichen Volksfest schon irgendwie schwer albern klingt. Und trotzdem nimmt es die erste Reihe ernst und kämpft stumm mit den Tränen. Es ist zum Heulen. Aber dafür habe ich jetzt keine Zeit. Ich lege meiner Abort-Betreuerin 20 Euro auf das Vorspeisentellerchen und hoffe damit für die nächsten zwei Wochen jegliche Diskussion im Keim erstickt zu haben. Denn Humor ist, wenn Mann trotzdem muss.

Es sind also, wie gerade ausufernd beschrieben, die Beilagen, die mein Gemüt bisweilen aufstoßen lassen. Und zum ultimativen Verständnis will ich Ihnen auch den Brokkoli nicht alleine vor die Gabel werfen, auch der will außer dem Blumenkappes noch weitere Freunde haben.

Wie hätten Sie an der meinigen Stelle zum Beispiel folgendes Möhrchenmärchen verdaut …?

Es begab sich einmal, dass die angestellte Reihe vor dem Wasserklosett der einhelligen, nicht unbegründeten Meinung war, Künstler oder Kunstgenießender – vor dem Klo sind alle Männer gleich! Wer zuerst kommt, darf zuerst. Und wer zuerst müsste, aber zu spät kommt, muss warten, bis die, die früher kamen, ohne dringend zu müssen, nicht mehr müssen, weil sie schon durften. Notdurft nennt sich das dann wohl. Aber egal, wie es sich nennt – es fühlt sich richtig scheiße an. Nenn es Notdurft, Manfred oder Kupfermuffe – die Schmerzen sind die gleichen und die Schlange grundsätzlich zu lang. So auch in dieser Anekdote. Die unbeugsame Einhaltung ungeschriebener Männergesetze führte dazu, dass ich unverrichteter Dinge abziehen musste … und somit auf der Bühne musste.

Du, lieber Nachttop, wirst nicht verstehen, wovon ich dir berichte, die männlichen unter den Lesern aber wissen genau, zu welchen Bewegungen man plötzlich in der Lage ist, wenn man versucht, Schlimmeres zu vermeiden. Eintausendvierhundert Augenpaare – und da ist die erste Reihe schon rausgerechnet – erlebten an diesem Abend eine siebzehnminütige Vorstellung meinerseits, die in ihrer tänzerischen Intensität nur noch vom sterbenden Schwan hätte übertroffen werden können. In der achtzehnten Minute des Dramas beschloss ich der Ohnmacht nahe ganz weidmännisch „Hallali – der Schwan ist tot!" und schoss wackligen Schrittes von der Bühne. Leider kam ich nicht weit, denn ein frenetisch begeisterter Literat fing mich ahnungslos ab, um mir zu meiner fast überirdischen Darstellung zu gratulieren. „Der pure Wahnsinn, Herr Metzger, so was habe ich noch nie gesehen! Sie arbeiten ja nicht nur mit der Stimme, Ihr Körper leidet ja jede Pointe förmlich mit! Das muss doch furchtbar anstrengend sein! Schauen Sie sich mal an: Sie schwitzen ja bis an die Beine …"

Muss ich Ihnen wirklich noch mehr Beilagen auf den Teller dünsten? Ja, ich muss. Denn wenn es einmal läuft, dann läuft es. Und wenn es nicht läuft, läuft es eben auch. Und zwar nicht. Daher sei Ihnen zum

Nachtisch noch das Sahnehäubchen auf der Knoblauch-Nuss-Torte gegönnt, der Gipfel der mir bereits servierten Beilagen, schütten wir die Sauce hollandaise des erhofften Vergessens auf die größtenteils sinnlos gestorbenen Gemüsekinder... Das Gleichnis der Beilagen, finales Beispiel:

Sie erinnern sich bitte: der sterbende Schwan, zwanzigste Minute, Finale Furioso. Das grobkarierte Feuchtbiotop Büttenredner wechselt hektisch die Hose, um auf der nahenden Mädchensitzung nicht als bettnässender Buffo dazustehen und somit gleich zu Beginn jeglichen Respekt der dortig versammelten Damen zu verlieren. Flugs tausche ich meine rot-gelbe Clownshose gegen eine rot-gelbe Clownshose und eile frisch gewickelt treppab. Noch fünf mickrige Minuten bleiben, um ins Auto herein, mit dem Auto durch einen Teil der Stadt, aus dem Auto heraus und treppauf in die Nähe der nächstgebuchten Bühne zu gelangen. Das ist lösbar.

Man muss nur fest daran glauben. Die Konfession ist egal. Mein diensthabender Beförderungsoffizier befördert mich diensthabend und unter großzügiger Auslegung der Straßenverkehrsordnung, jedoch nie hart an der Punktegrenze, seinerseits evangelisch an die Lösbarkeit glaubend in Windeseile über die noch nicht von Baustellen befallenen Kölner Straßenteile. Katholisch mitglaubend erstarre ich auf dem Beifahrersitz, schicke stoßweise mir noch im Gedächtnis gebliebene Gebetsfragmente gen Dom – wieso auch erst den Umweg über den Himmel machen – und hoffe, dass uns unsere ökumenische Zwangsehe weiterhin sicher von Auftritt zu Auftritt leitet. Und in diesem Fall bitte schön innerhalb der nächsten vier Minuten. Vater unser, der du bist im Himmel, komm doch bitte mal in den Dom... drei Minuten dreißig, und das Gebäude ist schon zu sehen. Jetzt nur noch einmal rechts ab, die Beine in die Hand und rolltrepplings hinauf in den Saal. Nur noch ein einziges Mal rechts ab!
Herr, weise uns den Weg.

„Chef, wo ging's noch mal rechts ab?"

„In circa einhundert Metern, gegrüßet seist du Maria ... gleich hinter der Verkehrskontrolle!"

Sagen wir mal so: Ich kann mir schon vorstellen, was der wachhabende Verkehrskontrolleur gedacht haben muss, als er uns in einhundert Metern auf zwölf Uhr erspähte: „Ach, guck mal! Karnevalisten! Mit lustigen Kostümen! In einem bunten Auto! An einem Samstagabend! Um 23.35 Uhr! Na, mit denen tun wir jetzt mal schunkeln!"

Und ich naive Pappnase freue mich noch, denke: „Oh wie nett, die winken!", winke zurück und finde mich schwuppdiwupp mit dem Auto auf dem Grünstreifen wieder, bei dem im nichtkontrollierenden Fall das bloße Angucken schon gehörig Knollengeld kostet. Zwei Minuten zwanzig. Hinter mir ein äußerst zehrender Tag mit bereits acht Auftritten, keinem richtigen Essen – nur ein paar enervierenden Beilagen – und einem hektischen Hosenwechsel, vor mir das evakuierte Polizeipräsidium inklusive Sitte, Drogenfahndung und Polizeipuppenbühne, und in mir der keimende Zweifel an meinem pünktlichen Erscheinen auf der nächsten Festivität.

Resigniert beginne ich damit, mir Gedanken über das Wort Konventionalstrafe zu machen. Das nimmt aber nur einige Sekunden in Anspruch, denn ich weiß: Die Konventionalstrafe ist der Betrag Geld, den ich eigentlich im vertragserfüllenden Fall für meine Bespaßung erhalten hätte, den ich aber dem Veranstaltungsveranstalter zahlen darf, wenn ich nicht wie vereinbart dann komme wie vereinbart, sondern später oder gar nicht. Noch zwei Minuten siebzehn. Es war, wie gesagt, nur ein kurzer Gedanke, der an die Konventionalstrafe. Ob die der Polizeipräsident übernimmt, der bekanntlich im letzten Saal des Tages in die erste Reihe verpflichtet wurde, wenn ich ihn mal höflich frage? Vielleicht mit der Option, an diesem Abend mal keine Spitzfindigkeiten in seine Sitzrichtung abzufeuern? Wenn ich ihn also quasi höflich anklüngele? Wenn ich ihm so ein bisschen an der Ehre packe, flockig nach dem Prinzip: „Hey, Herr Oberwachtmeister! Kaum ist die Katze auf einer Sitzung, tanzen die Mäuse auf dem Seitenstreifen!?" Oder komm ich dann dafür in den Bau? Ach, was soll's. Einen Versuch ist es wert. Und wenn er Nein sagt und mich für einen Tag in den Kerker werfen lässt, dann häng ich da noch einen dran und die Konventionalstrafe ist auch erledigt. Das ist doch mal eine Perspektive. Bargeldlos schuldenfrei in zwei Tagen. Und Vollpension ist auch mit drin. Die Ossendorf-Card ist hiermit offiziell erfunden.

Eigentlich will ich diesen Gedanken gar nicht weiterspinnen, aber ich muss! Zwingend. Sonst hängt der so halbangedacht kopfhoch in der Gegend herum, irgendjemand stößt sich den Schädel dran, bekommt eine Beule, und ich bin schon wieder fällig. Einen dritten Tag in der Staatsherberge kann ich mir im Moment zeitlich ja nun wirklich nicht leisten. Die ersten beiden auch nicht. Und da liegt der Hund begraben: Zwei Tage haften wegen einer Konventionalstrafe würde ja auch bedeuten, durch Nichterscheinen am Tatort diverse weitere Konventionalstrafen einzufahren. Das läppert sich dann ganz schnell auf lebenslänglich. Ich mag gar nicht an die während meiner Inhaftierung mögliche Diskussion über die Wiedereinführung der Todesstrafe denken. Schlachtzeile: „Büttenredner am Galgen!" Unterschrift: „Zwei Minuten zu spät – da kannte der Präsident keinen Spaß mehr!" Galgenhumor. Noch eine Minute und fünfundfünfzig Sekunden. Das Rennen scheint gelaufen. Der Kommissar hat abgewunken, der Polizeipräsident kämpft mit dem Weinzwang und mein Fahrer harrt ungeduldig der Dinge, die da kommen.

Es kommen aber keine. Jedenfalls keine Dinge. Lediglich ein uniformierter Staatsdiener, der gesichtshaarmäßig eine eigene Reiterstatue verdient hätte, kommt, und zwar schlichlings näher. Unser Gefährt misstrauisch umrundend macht er auf mich den Eindruck eines kaufinteressierten Gebrauchtwagenhändlers, der kurz vor dem Handschlag noch zu seiner eigenen Beförderung einen Rostpickel entdecken möchte. Aber das lässt uns kalt. Erstens, weil unser Spaßmobil keine Standheizung hat, und zweitens, weil der Wagen nigelnagelneu ist, uns vollends als Dienstfahrzeug befriedigt und wir deshalb nicht im Traum daran denken, ihn zu verkaufen. Die sollen mal schön weiter mit ihren grünen Blinkbüchsen fahren. Ich denke, das drücken unsere

Gesichter im Moment ausdrücklich aus. Da sollten wirklich keine Fragen mehr offen sein.

„Wären Sie mit einem Alkoholtest einverstanden?"
Gut. Eine ist noch offen.

Es könnte sogar sein, dass sie erst durch unsere Gesichter, die ja eigentlich nur rigorosen Verkaufsunwillen ausdrücken sollten, aufgeworfen wurde. Denn in aller Ehrlichkeit könnte man auf unseren Biodisplays auch die Botschaft „Mann, sind wir voll!" lesen. Auch wenn es so nicht gemeint ist. Denn mein Fahrer und ich fungieren im Fasteleer eher als eine Art Mineralwasserfilter, will sagen: kein Tropfen Alkohol vom 11.11. bis Aschermittwoch! Gut, sobald das Aschenkreuz dann anfängt zu bröckeln: Schnell „Hoch die Tassen!", denn der Fisch will schwimmen. Oder besser noch: Er will konserviert werden. Ich weiß zwar nicht, ob jemals ein Fisch darum gebeten hat – wie klingt das eigentlich auf Fischisch, „Iss mich, konservier mich!"? , vielleicht frage ich mal den Grönemeyer – aber die Biologen sind sich schon weitestgehend einig. Das ist eh so ein heikles Thema. Sehr schwammig. Hat zu Ihnen, liebe Leseratte, schon mal ein Schwein gesagt: „Los, du Sau! Mach mich zu Mett!" Nein? Sehen Sie. Sehr mystisch, das alles. Man muss einfach dran glauben, dass das Tier gegessen werden will. Sonst sind die Zoos bald voll und in den Ozeanen dümpelt eine Arche neben der anderen. Dann wird's aber eng, für den Fisch. Und dann müssen wir ihn wieder schwimmen lassen. Prost Mahlzeit. Wir sind ja nun wahrlich keine Kölschverschütter, aber in der Session sind wir die unterwürfigen Jünger des heiligen Apolinaris, die Ritter der Königin der Tafelwasser, das Nüchternste, was ein Automobil mit seinem Blech vor Regen schützen kann.

Sei es, wie es sei, zurück zum Geschehen: Mein Fahrdienstleiter wird freundlich zu einem obergärigen Drogentest gebeten, und wer kann dazu schon Nein sagen? Er jedenfalls nicht. Das heißt, er könnte schon, aber das würde ja nur zu Scherereien führen. Handschellen, Blutabnahme, Nierenextraktion ... Sie kennen das. Also sagt er: „Bitte, gern! Wir haben ja Zeit!", und geht brav mit zum rollenden Labor. Während er nun dienstbeflissen damit beschäftigt ist, den ungläubigen Grünjacken eine Reihe Nullen nach der anderen ins Gerät zu blasen, beäugt ein weiterer Bürger in Uniform die Aufschrift auf unserem Rednershuttle und versucht diese aus investigativen Gründen zu artikulieren: „Dä Bl-, dä Blö, dä Blötsch, dä Blötschko-op! Aha! Dä Blötschkopp!" Mein Gott, jetzt hat er's! Es grünt so grün, wenn Spaniens Blüten blühen! Mein Gott, er hat es. Jetzt ist es raus. Schade, es sollte doch ein Geheimnis sein. „Dä Blötschkopp!", triumphiert er wiederholend in die Nacht. „Wir haben den Blötschkopp gefangen!" Eigentlich will ich ihm seine kindliche Freude ja lassen und verschweigen, dass ich gar nicht zur Fahndung ausgeschrieben bin, sondern die Fotos in der Presse eher berichterstattender Natur sind. Aber er freut sich so. „Den hatten wir letzte Woche noch auf der Sitzung!", freut er sich. Ich beuge mich leicht vor, suche und finde Blickkontakt, lächle besänftigend und lobe: „Ja, ich erinnere mich! Es war sehr schön bei Ihnen!" Ich ernte Stille. Ansatzweise ignorante Stille. Eine Minute zehn vor meinem nächsten Engagement muss ich verbittert feststellen, dass Beifahrer im straßenverkehrs-kontrolltechnischen Sinne nicht wirklich existieren. Mein real existierendes Kontrollgegenüber ignoriert mich einfach weg. Aua. Das trifft. Und es verwirrt. Denn ich bin also scheinbar gar nicht da. Aber wenn ich nicht hier bin, wo bin ich denn dann? Sollte ich aufgrund der exorbitanten Beschleunigung meines Chauffeurs im Tunnel aus dem Tunnel heraus in eine Zwischenwelt geschossen worden sein? Brauche ich vielleicht nicht nur einfach ein bisschen mehr Schlaf, um nicht bei der nächsten Verkehrsbefragung Gefahr zu laufen, einem verdutzten Schupo zu erklären, ich sei unterwegs per Anhalter durch die Galaxis, und wo ich denn bitte schön rechts abbiegen muss, um schnellstmöglich zum Mars zu gelangen?! Dann machen die aber mobil! Und zwar mobilisieren die höchstwahrlich ihre Fachberater von der Stretchjackenabteilung. Wie lange kann diese Session noch gut gehen? Noch fünfzig Sekunden. Wo bin ich?

Ausgezeichnet mit einer Tüte Nullen hechelt mein Fahrer in sein Fahrgerät zurück, schließt knallend die Tür, beamt mich damit aus der Milchstraße wieder direkt in meinen Sportsitz zurück und frohbotschaftet mir aufheiternd ein „Chef, noch vierundvierzig Sekunden!

Unwahrscheinlich, aber nicht unmöglich!" an den Kopf. Doch just in dem Moment, da er den Warp-Antrieb unseres Turbodiesels einsetzen will, geht einer der Polizisten erneut seiner Lieblingsbeschäftigung nach und winkt. Diesmal verzichte ich auf eine Winkerwiderung und beiße lediglich in meinen Hut. Noch dreißig Sekunden und scheinbar gibt es weitere Fragen. „Hören Sie mal, Herr Dingens! Wenn Sie diesen Blötschkopp noch einmal sehen sollten, bringen Sie mir dann bitte ein Autogramm mit?"

In diesem Augenblick denke ich nur noch: „Marc, pfeif auf den Auftritt, dem Mann muss geholfen werden!", entbleche mich, gehe auf den Bedürftigen zu und halte geistesgegenwärtig eine Bildkarte und einen Filzschreiber bereit. „Wer sind Sie denn jetzt noch?", plustert es mir entgegen. Hätte er „Wo sind Sie denn jetzt noch?" gefragt, wäre mir die Antwort gar nicht so leicht gefallen. Aber „Wer sind Sie denn jetzt noch?" schien mir eine faire Aufgabe. „Guten Abend, Herr Wachtmann, mein Name ist Metzger und ich würde Ihnen gerne wie gewünscht meinen Namenszug auf diese Karte malen." „Lächerlich, das werde ich ja gerade noch selber schaffen!", entgleist es ihm. Voller Tatendrang entreißt er mir Bild samt Buntstift und baut sich maleresque vor mir auf. „Metzger, wie schreibt sich das?" „B – L – Ö – D" buchstabiere ich mich aus der Affäre, mache auf dem Absatz kehrt und geheiße Harry den Wagen vorzufahren. Das hat doch keinen Sinn hier. Nachher werde ich noch richtig frech, und dann gibt es Klopperei. Nichts wie weg. Nach dem rettenden Blitzstart sehe ich gerade noch im Rückspiegel, wie die nach mir programmierte Kapelle auf den Seitenstreifen gewunken wird. Knast hin oder her, da muss ich dem obersten Polizisten gleich wohl doch noch die Leviten lesen. Oder ich schalte das Festkomitee ein. So geht es jedenfalls nicht weiter.

Zwei Minuten und zweiundzwanzig Sekunden später erklimme ich die Bühne einer etablierten Kölner Frühstückspension mit Flussblick, klammere mich haltsuchend ans Mikrophon und verkünde der Gemeinde mit schwacher Stimme: „Tut mir leid, ich bin ein wenig spät dran. Aber das ist nicht meine Schuld. Ich war noch in einer…" und eintausendsechshundert Mädchen komplettieren meine Entschuldigung: „Verkehrskontrolle!"

Ich hab sie so gestrichen satt, diese Beilagen. Aber Hunger habe ich trotzdem. Grillhaxe mit Kraut sollte da doch Abhilfe schaffen können! Wenn man das Kraut als Dekoration deklariert, müsste die Sache problemfrei zu konsumieren sein. Schluss für heute, Köbes! Sag Manfred Bescheid, er soll das Schwein zerlegen, ob das Schwein will oder nicht. Es wird sich eh nicht dazu äußern ...

Kapitel 5

Die Rache des Überwohnten!
Oder: Das tinnitale Wummern

Schön, dass es Ihnen letztendlich doch noch gelungen ist, sich hochzufahren, Sie elektronische Karikatur eines Sachbearbeiters im nichtöffentlichen Dienst! Und so was will ein Männertagebuch sein. Pah! Dass ich nicht lache! Memmentagebuch trifft es wohl eher. Spontan wie ein Sack Torf im Bergsee. Skandal! Während Sie ewiglich damit beschäftigt sind, Ihre Sektoren zu buttern oder wie man das benennt, muss ich hier jeden noch verfügbaren Kölschkellner um Gehör bitten, damit sich meine wegzuschreibende Aufregung nicht einfach unverarbeitet in Wohlgefallen auflöst. Na ja, im Grunde genommen eigentlich kein abzulehnender Gedanke, weg ist ja schließlich weg, ob sich der Stress nun in Wohlgefallen auflöst oder in Quadrath-Ichendorf. Aber ich hätte ihn vorher noch gerne in Worte gefasst und meinem Tagebuch – das bist Sie, falls du schon genug freien Speicher hast, um diese Information zu verarbeiten – anvertraut. Denn das Tagebuch, liebes Tagebuch, in welcher Form auch immer, ist der beste Freund des Mannes. Gleich nach Hund, Kühlschrank und Mutter. Gut, das weiß außer uns Männern keiner. Vor allem nicht die Mütter. Und das sollte bitte schön auch so bleiben! Wie ständen wir denn sonst da? Die Hunde wären schwer von sich beeindruckt, die Kühlschränke würden sich in stillem Protest dauernd selbst abtauen und die Mütter, die sonst sehr gerne mit dem Wauzi Gassi gemacht und anschließend den abgetauten Kühlschrank geputzt haben, wären vor Gram, dass ihre Söhne scheinbar zu verhinderten Ponymädchen mutiert sind, nicht mehr zu Mutterzwecken zu gebrauchen. Aber lassen wir das. Verarbeiten wir lieber Daten. Bist du bereit? Es piept und blinkt und blinkt und piept ... ich gehe mal davon aus, das ist deine Form der Zustimmung. Also:

Heutiger Grund meiner empörten Tagesbuchung ist ein Erlebnis, das ich eben erlebte, welches mich prompt dazu veranlasste, einen Protestsong alten Schlages zu komponieren, dessen offene Art mir sicherlich in Musikantenkreisen nur wenig neue Freunde verschaffen wird. Und die alten drohen mir auch davonzulaufen. Aber der Reihe nach, ducken jetzt! Ich hole weit aus:

Am gestrigen Sonntagmorgen begab es sich, dass meine freundliche Freundin und ich uns zu nachtschlafender Zeit gegenseitig fanden, als wir, jeder für sich und frei von jeglicher Beeinflussung des Partners, aufrecht im Bett saßen und uns fürchteten. Ein polterndes Geräusch scheinbar extraterrestrischer Natur hatte uns den Schreck über den Gehörgang in sämtliche Glieder geschleust, was zu einer simultanen Kontraktion von Muskelgruppen führte, die für das explosionsartige Wechseln von der Liege- in die Liege-Sitz-Position verantwortlich sind. Mit weit aufgerissenen Augen und offenem Mund lagen wir nun sitzend im Bett und beschlossen für uns, dass im Falle einer vorliegenden Verarschung durch die in solchen Fällen gerne herbeigesehnte Versteckte Kamera umgehend eine einstweilige Verfügung erwirkt werden müsse, die die Ausstrahlung aufgrund von selten dämlichen Gesichtsausdrücken der Verarschten und der diesbezüglich zu erwartenden Hänselei durch das soziale Umfeld mit sofortiger Wirkung untersagte. Da waren wir uns wortlos einig. Das war uns völlig klar. Völlig unklar waren uns allerdings Ort und Ursache des uns äußerst beunruhigenden Geräuschs. Nachdem unsere Adrenaline mit dem Selbstabbau etwas vorangekommen waren und uns somit erste Bewegungen und rudimentäre Äußerungen erlaubten, begannen wir umgehend damit, uns erst zu bewegen und uns dann rudimentär zu äußern. Zunächst ließen wir nach kurzer Erörterung die Frage nach dem „Was?" offen, da uns die Annahmen auf den vorderen Rängen – Nilpferd, Michael Flatley und das Sams – als ziemlich unwahrscheinlich erschienen.

Zugegeben, die Fonstärke und die begleitende Vibration unserer Bewandungen ließen die Annahme „Nilpferd" schon ein Stück weit zu. Aber wie kommt ein Nilpferd in den fünften Stock eines Nippeser Mehrparteienhauses? Wie kommt ein Nilpferd überhaupt nach Nippes?

Sicher, der Zoo ist um die Ecke und Tiere brauchen Auslauf, aber wenn da sonntagmorgens ein Nilpferd in der Wanne fehlt, dann laufen die Rentner Sturm gegen die Verwaltung. Bezahlt ist schließlich bezahlt und leere Wanne gucken kann man auch zu Hause. Das gäbe Meckerei der ganz großen Art, das spräche sich schnell rum, das hätte uns doch schon längst wer gesimst. War aber nichts auf dem Handy. Nilpferd war somit definitiv raus.

Rhythmisch gesehen wäre der irische Meisterstepper Flatley allerdings noch im Rennen gewesen, von dem aber wussten wir, dass er mal wieder mit seiner rothaarigen Trappelgruppe auf Weltreise war und, auch im Falle eines etwaigen Kölngastspiels, unser Etablissement nicht ganz den Anforderungen eines tausendfüßigen Schauballetts an eine zu betanzende Spielstätte erfüllte. Will sagen: Der selbst ernannte König der Tänzer verirrt sich nicht einfach mit seinen tanzenden Armeen ins Obergeschoss eines gutbürgerlichen Wohnblocks. Das wäre auch ein gebäudestatisches Himmelfahrtskommando. Denn das von uns und anderen bewohnte Objekt hält sich eigentlich nur noch aus Höflichkeit gegenüber den Einwohnern aufrecht. Oder anders gesagt: Wenn in unserem Haus mehr als drei Parteien gleichzeitig die Bronchitis am Hals haben, ruft der Eigentümer vorsorglich schon mal das Baudezernat...

So weit, so gut. Das Sams war definitiv Unfug. Denn Sonntag ist Sonne, da wälzt sich das Ding faul in eben jener herum und versucht nicht auf unserm Speicher eine wenig erfolgversprechende Persiflage auf Poltergeist 23 zu produzieren. Und wenn doch, dann hätte ich es mir geschnappt, ihm einen Wunschpunkt aus der Plüschvisage gerubbelt und mir die Klitschkos auf den Speicher gewünscht, dann wär da aber schlagartig Ruhe gewesen im Gebälk.

So etwas in der Art dachte ich mir und eröffnete uns somit unwissend den Einstieg in die Lokalisierung des uns verstörenden Krachs: der Speicher! Natürlich! Die von uns offengelassene Frage nach dem „Was?", vielmehr das Gegrübel über jene, brachte mich auf die richtige Fährte! Egal, was es war, es war auf dem Speicher. Und es wollte schnell gefunden und ausgemerzt werden, bevor der Speicher sich untrennbar mit unserer Wohnung verband. Und dieses Szenario war nicht von einer ungewissen „Nilpferd-Flatley-Sams"-Art, sondern es kündigte sich höchst real durch bereits einsetzenden Deckenputzniederschlag an.

Sitzend, aber teilerleuchtet waren wir uns darüber im Klaren, dass wir genau zwei Möglichkeiten hatten: Weitersitzen und warten, bis „Es" uns mitsamt der Zimmerdecke im Bett be- und aufsuchen würde, oder aufstehen und tapfer nachgucken, was Ambach ist. Da wir das ein oder andere Mal schon im Plümmo gefrühstückt hatten und wussten, wie unangenehm sich bereits einzelne Krümel im Bett auf das Wohlbefinden der Liegenden auswirken, waren wir von der Vorstellung von zwei Zentner Bauschutt auf dem Laken so angewidert, dass uns die zunächst abschreckend erscheinende Möglichkeit des Nachguckens immer sympathischer wurde. Entschlossen und voller Tatendrang sagte ich ganz Mann zu meiner Mitbettinsassin: „Schatz, steh mal auf und guck nach, was los ist, bevor hier noch jemand ernsthaft zu Schaden kommt!" Aber Schatz war zur Salzsäule erstarrt und weder in der Lage, meinen Vorschlag gutzuheißen, noch diesen zu beherzigen. Starr vor Schreck saß sie da und parodierte eine Statue. So konnte es nicht weitergehen, etwas musste geschehen, schnellstens, bevor uns das Alien wittern, ergreifen, auf seinen Planeten, wo alle Manfred heißen, entführen und ich bekloppt werden würde, während mein besseres Zweidrittel da anfinge aufzuräumen und Vorträge über Krümel im Bett zu halten. Heldenhaft sprang ich auf, stürzte ins Badezimmer, holte einen Krug mit Wasser und schüttete ihn meiner erstarrten Freundin ins Gesicht, auf dass sie endlich wach würde und nachgucke, was los ist! So lässt man sich einfach nicht gehen! Köln stand kurz vor der Unterjochung durch etwas, von dem ich lediglich wusste, dass es unheimlichen Krach macht, und die Einzige, die hätte die drohende Gefahr abwehren können, saß im Bett und tat so, als sei etwas sehr Spannendes im Fernsehen...

„Was soll das denn, du Arschloch!", prustete sie mir annähernd gereizt zu. Kurz und knapp erläuterte ich ihr daraufhin die Sachlage, während direkt über unseren Köpfen der Predator scheinbar damit begann, herzhaft in die Dachbalken zu beißen. „Dann guck doch selber nach!", kommentierte meine – vermutlich aus Angst völlig desorientierte – bessere Hälfte meinen Bericht und erhöhte somit die Anzahl der Reaktionsmöglichkeiten auf satte zwei. Es war eine klassische Patt-Situation. Zwei Stühle, zwei Meinungen, und beide irgendwie verständlich. Allerdings nur für den Außenstehenden, versteht sich. Ich als unmittelbar Betroffener war mir über die Rollenverteilung in unserer eheähnlichen Verbindung äußerst im Klaren: Ich jage und sammle, und mein zukünftiges Eheweib guckt nach, welcher außerirdische Asi unsern Speicher frisst! So. Das Ende der Diskussion zeichnete sich mimisch ab. Mein Blick sprach Bände. Der Blick meiner Frau sprach dummerweise ganze Bibliotheken. Schweigend tauschten wir die schönsten Schimpfwörter aus, die uns der geistige Brockhaus preisgab. Eine kleine Ewigkeit lang erfüllte unser Mentalstreit den Raum ... bis das Geräusch, das ich bislang in seiner apokalyptischen Größe wirklich nur sehr unzureichend beschrieben habe, sich anschickte, samt seinem Urheber den Speicher in Richtung Erde zu verlassen. Das Ding kam. Unaufhaltsam. Bedrohlich. Direkt vom Dachboden. Und wir saßen regungslos auf der Kaltschaummatratze und bestritten das Finale der inoffiziellen Weltmeisterschaft im „Ich-guck-dich-um!".

Hui-heißa! Ich hatte zwar gesagt, dass ich weit ausholen würde ... aber so langsam sprengt diese Nebenhandlung den eigentlichen Rahmen. Komm ruhig mal wieder aus der Ducke, treues Leppertopp, sonst hast du es morgen im Scharnier. Und wenn du dann quietschst, wirkst du auf die Außenwelt eher wie eine gut gemachte Butterbrotdose und nicht wie ein zigtausend Euro teures Männertagebuch. Dann sitze ich da im Kappes und der gemeine Tourist denkt, ich wäre einer von ihm, weil ich mir wie ein Holländer mein Schnittchen mit ins Brauhaus bringe ... Gott, wie peinlich! Um dieser Schmach direkt einmal präventiv entgegenzuwirken, kürze ich das ganze Verbalgegurke besser jetzt mal ab. Komm, Junge, Endspurt:

Nachdem wir uns genug angesehen hatten, wurde uns klar, dass die Panik vor dem trampelnden Terminator auf einem Überschuss an kürzlich gesehenen Spielfilmen von minderwertiger Güte basierte. Das konnten wir zwar in dem Moment nicht direkt in Worte fassen, aber wir nickten uns kurz zu und waren wieder guter Dinge. Mittlerweile nicht mehr verängstigt, sondern schwer angepisst ob der fast mitternächtlichen Ruhestörung, schafften wir uns zum eigens zu Hobbyspionagezwecken eingelassenen Guckloch an der Wohnungstür. Dicht aneinandergedrängt umspielten wir das bullige Äugelein, unsere Körper verschmolzen förmlich bei dem Versuch, gleichzeitig hindurchzuspähen, um das Böse zu entlarven, unser Atem umspielte und liebkoste den hauptbehaarten Körperbereich des jeweils anderen, eine knisternde Erotik, die uns beide bis an die Grenze des zu Erahnenden zwang, spannte sich durch den Flur und ließ uns beinahe vergessen, dass nur wenige Meter von uns entfernt eine rätselhafte Lebensform darauf bedacht war, uns an diesem Morgen beim Geschlechtsverkehr zu stören. Ja, wo gibt's denn so was? Unverschämtheit! Aber nicht mit uns, du Unhold!, dachten wir und rissen höchst erzürnt ob des entgangenen Gipfels die Tür aus den Angeln, um dem Missetäter unseren Unmut zu bedeuten... und im Treppenhaus erschien uns... Klaus, die alte Memme.

Klaus, unser – gelinde ausgedrückt – zartbesaiteter Unterbewohner, stapfte morgenbemantelt in einer Art und Weise die Holzstiegen herab, die vermuten ließ, er befürchte, dass er in den nächsten zehn Jahren keine Gelegenheit mehr bekommen sollte, laute Geräusche zu machen. Wutschnaubend entfuhr meinem besseren Ganzen eine Tirade, die ich in ihrer Explosivität und ihrer rhetorischen Genauigkeit nicht hätte übertreffen können: „Sag mal, geht's noch?!" Klaus war getroffen. Er strauchelte, wand sich aber geschickt aus der Affäre und drehte den auf ihn geschleuderten Spieß einfach um: Was das denn für eine Frage sei, ob es noch ginge, und ob wir uns überhaupt im Klaren darüber wären, was für einen Krach wir machen, selbst wenn wir uns nicht bewegen würden, Wohngeräusche, Existenzlärm, unerträglich sei das, und er ließe sich das nicht mehr gefallen, dieses Theater jeden Tag und jede Nacht, jeder Schritt ein Angriff auf sein Ruhebedürfnis, jede Bewegung eine Turbulenz in seinem Gehörgang und vom Poppen ganz zu schweigen! Aber jetzt hätte er es uns ja zurückgezahlt, Schritt für Schritt, Stampfer um Stampfer, das würden wir wohl nie vergessen! Die Rache sei nun endlich sein! Soso. Aha. Mit diesen wahrlich beeindruckenden Worten enthob sich der Rächer und ließ uns hart an der Hysteriegrenze kichernd im sicherlich hellhörigen Treppenhaus zurück. Gerne hätten wir uns im Sinne zukünftiger Geräuschvermeidung erhängt, aber selbst das wäre Ohrenklaus wohl zu laut gewesen ...

Das laue Teelicht ahnte natürlich nicht, dass das Einzige, was er mit seiner Ein-Männlein-stapft-durchs-Dachgeschoss-Performance erreicht hatte, war, dass wir durch sein sonntagmorgendliches Rachespektakel unseren Wecker nicht hörten, der uns schicksalhafterweise zur gleichen Zeit aus dem Schlaf hätte abholen sollen. Patzpadautz! Scheiß Timing, Herr Nachbar! Alle Mühe für die Füße. Grins. Wir haben es ihm natürlich nicht gesagt. Er hat sich doch so gefreut darüber, dass er es uns mal so richtig gezeigt hat. Dieses peinliche Plunderteilchen. Wir haben ihm lediglich noch einen schönen Sonntag gewünscht. Und den hat er unter Garantie dann auch gehabt. Den ganzen Tag. Und auch Teile der Nacht. Jedenfalls bis der Montagmorgen kam, denn mit ihm kamen wir nämlich wieder nach Hause. Und zwar von einer Veranstaltung, liebes Tagebuch, die mir ein Erlebnis schenkte, welches mich prompt dazu veranlasste, einen Protestsong alten Schlages zu komponieren – Rachekrach kann eben auch freundlich sein –, dessen offene Art mir in Musikantenkreisen sicherlich nur wenig neue Freunde verschaffen wird. Und die alten drohen mir auch davonzulaufen. Womit wir nach ellenlanger Drumrumlaberei endlich beim Thema wären: das tinnitale Wummern!

Entschuldigen Sie, lieber Leser, wenn ich Sie erst jetzt und an dieser Stelle des Werkes wieder zurückbegrüße, aber die vorangehenden Absätze waren eher privater Natur, die gehen Sie nicht wirklich was an, Tagebuch hin oder her, und deshalb habe ich Sie einfach mal ignoriert. Ich bitte um Verzeihung, danke für Ihr Verständnis und sage: „Schön, dass Sie wieder dabei sind!" Fürs Protokoll: Die Öffentlichkeit ist wieder zugelassen. (Oh, und noch was: Da ich eingangs des Kapitels damit beschäftigt war, meinen digitalen Freund zusammenzuscheißen, könnte mir durchgegangen sein, Sie auf die Nichtöffentlichkeit der ersten Passagen hinzuweisen. Sollten Sie aus Freude am Lesen oder auch nur aus Langeweile den betreffenden Text konsumiert haben, muss ich Sie darauf aufmerksam machen, dass es sich sowohl bei besagter Freundin als auch bei der Figur des Nachbarn um fiktive Persönlichkeiten handelt! Das wiederum ist zwar gelogen, wurde mir aber von juristischer Seite wärmstens empfohlen. Gezeichnet, Marc Metzger)

Jetzt aber: das tinnitale Wummern. Zunächst einmal, was will uns die unnötig aufgeblasene Einleitung mit der Geschichte von Li-La-Laune-Klaus sagen? Ganz einfach: Eine permanente, in Lautstärke und Art vom Regelfall abweichende, von Menschen, die sich ihrer schallenden Tätigkeit nicht bewusst sind, ausgehende Beschallung einer selbst nicht beschallenden Person macht dem indirekten Beschallungsopfer Alarm im Kopf und Aua-Ohren. Die wohl bekannteste Form von Aua-Ohren – neben dem klassischen „Satz heißer Ohren", der den meisten aus der grundbergenden Kindheit noch bekannt sein dürfte – ist der Tinnitus. An dieser Stelle sei vermerkt, dass sich mein gesamtes medizinisches Grundlagenhalbwissen lediglich durch wartezeitvernichtende Lektüre der Apothekenrundschau angehäuft hat. Und der so entstandene Haufen ist von recht überschaubarer Höhe, stolpern könnte man jedenfalls nicht drüber. Daher hoffe ich keinem Betroffenen zu nahe zu treten, wenn ich behaupte – ohne genauer auf Ursachen und Behandlungsansätze einzugehen –, der Tinnitus sei ein höchst enervierendes, teils schmerzhaftes Dauergeräusch unterschiedlichster Ausprägung, das sich, meist in höheren Tonlagen fiepend, pfeifend oder stechend, im Gehörgang verkantet und auch auf mehrfaches Bitten hin einfach nicht mehr weggeht. Auf diese Behauptung fußend erfand ich ein umschreibendes Wortgebilde, das mir die weitere Arbeit an meinem Tagebuch erleichtern sollte: tinnital. Hörbelastungen tinnitaler Natur sind also dauerhaft, nervig und einfach nicht mehr loszuwerden. Der Unterschied, so habe ich mir ausgedacht, zwischen dem lupenreinen Pfeifton und der tinnitalen Störung liegt nun in der akustischen Ausprägung des Tonsignals. Will sagen, alles an Gestöre, was vom Pfad des Klassikers abweicht, ist als tinnital zu bezeichnen und durch eine annähernde Geräuschdefinition zu ergänzen. Tinnitales Rülpsen, tinnitales Jodeln, tinnitales Brüllen, oder eben auch tinnitales Wummern. So einfach bastelt man sich ein neues Krankheitsbild! Dann noch schnell eine passende Medizin erfinden und ab in den Süden. Meine Koffer sind gepackt – hui, was hat sich Klaus beschwert! –, jetzt nur noch in der Küche fleißig die Kräuter gießen, mörsern, Tütchen drum und flugs in den Handel. Und immer feste dran glauben ...

Auslöser für mein tinnitales Wummern war die rückwärtige Bassmatsche, die einen permanent anklatscht, wenn man friedlich damit beschäftigt ist, auf seinen Auftritt zu warten. Hinter der Bühne entwickeln sich die nach vorn wohltuenden Bassläufe zu pulsierendem Klangbrei erster Kategorie, Druckwellen in G-Dur pumpen einem nicht nur das Blut aus der Hirse, sondern treten einem auch fies in die Kniekehlen, auf dass man nur so wackelt. Es wummert, wie der sprachverliebte Redner sagt. Und dieses Wummern, unbedacht ausgelöst von Kapellen aller Stilrichtungen, die ihren ureigenen Klang gerne mit dem im Moment leider immer noch verkaufsfördernden Techno-Fox-Beat untermauern, dieses Wummern bekomme ich seit gestern nicht mehr aus dem Leib. Man könnte sagen, die Ballermanfredisierung der karnevalistischen Volksmusik hat den ersten Redner auf dem Gewissen. Zumindest seine Hörorgane. Und das macht mich primitiv. Im Gegensatz zu Klaus. Der war schon vorher so bescheuert, sein eingebildeter Krankheitsersatz, mit dem er sich zu rechtfertigen versucht, ließe sich mit viel gutem Willen vielleicht als tinnitale Leere bezeichnen. Der Simulant! Aber bei mir wummert's, und zwar gehörig!

Und dieses Gewummere ist der Grund meiner heutigen Tagesbuchung. Diese tückische Spontanerkrankung veranlasste mich heute dazu, einen Protestsong alten Schlages zu komponieren, dessen offene Art mir sicherlich in Musikantenkreisen nur wenig neue Freunde verschaffen wird. Aber die Nummer wird ein Hit. Und dann hebe ich da ein gutes Pfund Bassbutter unter, drehe den Regler bis zum Anschlag und räche alle taub! Harrharrharr! Er hat mich fast, der Wahnsinn. Ich gehe besser mal, wo Stille herrscht. Und das Lied erzähl ich ein andermal. Köbes, zahlen bitte! Aber leise ...

Kapitel 6

Wo sind eure Hände!
Oder: Muss es denn immer so laut sein?

Wo sind meine Hände?

Einige Tage, liebes Buch, sind nunmehr seit meiner letzten Eingabe ins Land gegangen und ich werde das Gefühl nicht quitt, dass mein pseudowissenschaftliches Geseier zum Thema HNO-Heilkunde, Fachbereich Bühnenkrankheiten, hart an der Grenze zur Realität schrammt. Nicht nur, dass mein Leiden prächtig wächst und gedeiht, nein, auch andere Kollegen der sprechenden Zunft berichteten mir in der Zwischenzeit von Symptomen, die mir sofort deren aufkeimendes tinnitales Wummern ankündigten. Ich habe aber mal besser nichts dazu gesagt. Nachher bin ich noch schuld dran. Nur weil ich des Kindes Namen kenne, oder schlimmer noch: erfunden habe! Und dann stehe ich da ohne Wirkstoff, dessen Produktion mir zwar sehr egoistisch am Herzen liegt, für die ich aber schlichtweg keine Zeit habe. Kölsch und gut! Da halte ich mal lieber einfach die Klappe, auch wenn es mir schwerfällt. Sowieso besser, wenn es bei denen schon anwummert, können die bald eh keinen Lärm mehr gebrauchen. Da führe ich doch die schweigsame Stille gleich mal ein und gebe die drei Affen: nichts hören, nichts sagen, nichts sehen. Na ja. Vielleicht gebe ich besser nur zwei Affen. Sehen wäre schon noch ganz sinnvoll. Sonst renne ich wieder überall gegen und wirke orientierungslos. Auf der Bühne kommt das zwar an, aber privat tut es einfach nur ziemlich weh. Zwei Affen, das muss reichen, basta.

Die von mir zum Thema befragten Musiker waren mir übrigens keine große Hilfe. Nicht, dass sie mich nicht verstanden hätten, das möchte ich hier nicht bezweifeln, sie haben mich lediglich nicht gehört. Denn nahezu jeder Musikant hat neuerdings bunte Stöpsel in den Ohren, die ich zunächst als Hörschutz gedeutet habe. Sinnig fand ich das, sehr sinnig. Aber weit gefehlt! Diese launigen Pfropfen sind sogenannte Im-Ohr-Monitore, quasi ganz kleine laute Boxen, die es dem Schall ermöglichen, nicht erst den Umweg über den Raum nehmen zu müssen, sondern dem Hörwilligen das Signal direkt auf das Trommelfell zu trommeln. Nachgehakt, was denn der Sinn dieser Selbstgeißelung sei, wurde ich beantwortet, dass der einzelne Musikant unter Zuhilfenahme dieser Gerätschaft die anderen Musikanten der gleichen Kapelle besser hören könnte. Ja, wie jetzt? Die brauchen Druck auf den Amboss, um den Lärm vom Schmied besser zu hören? Habe ich da ein gröberes Verständnisproblem? Vielleicht sollten die einfach alle ein bisschen leiser spielen, oder wenigstens den Strom aus den Instrumenten lassen ... dann bräuchten die diese tinnitalen Endgeräte womöglich gar nicht.

Aber Rücksicht gehört ja bekanntlich in den Straßenverkehr, und da hat eine Kapelle wahrlich nichts verloren. Die gehört zweifelsohne auf die Bühne. Und da muss sie dann so Sachen sagen wie: „Gib mir mal mehr Monitor aufs Ohr, ich hör mich nicht!" Obacht, Technikliebhaber: Beethoven hat sich – übrigens in einer Zeit, als Strom noch großer Fluss bedeutete, in den man geworfen wurde, wenn man bei Tisch zu laut gefiedelt hat – besagter Beethoven hat sich auch ohne Ohrstopfer nicht gehört und posthum trotzdem einen Haufen Tonträger verkloppt. Und Stevie Wonder macht sogar den dritten Affen und trifft davon unbeeindruckt in brillanter Manier jede Taste! Aber das gehört hier jetzt nicht hin, das geht hier zu weit.

Bis wohin darf es denn gehen? Haben wir das Ziel nicht schon erreicht? Wenn selbst der Geschichtenaufsinger Westernhagen, die personifizierte Freiheit, stimmlich ungefestigt das ergriffen gaffende Stadion nötigt „Lasst uns lauter singen!", bekomme ich doch Zweifel an der friedenschaffenden Wirkung der Musik. Überall werden Schwerter zu Pflugscharen gedrechselt – die dann zwar keiner brauchen kann, weil Traktoren einfach viel rentabler sind, aber die Geste zählt – und die Musik, der Atem des Friedens, die Sprache der Weltbevölkerung, die Wirtschaftsgrundlage kommunaler Blockflötenschulen, die Musik nimmt sich einfach die übereilt gefertigten Pflugscharen, bastelt wieder Schwerter draus und rüstet auf bis hin zum atomaren Gitarrenverstärker. Quo vadis, Minnesang? Mir kommt da gerade ein absurder Gedanke: das Colonia-Duett mit Elektroflitsch und Stromgitarre. Das wär's gewesen! Krätzchen auf dem elektrischen Stuhl. Süper's Hans, der langhaarige Extremflitscher, als Begründer der Trash-Metall-Bewegung, und Zimmermann's Ei, der gut frisierte Sonnentyp, als germanisches Brit-Pop-Exempel. Aller Ursprung läge in Köln. Und Köln läge in Schutt und Asche. Wo wäre da der Nutzen, wo der Raum für Eitelkeit?

Weißt du, stromliebendes Tagebuch, eigentlich gefällt mir ja das heutige Liedgut. Streckenweise sogar ausnahmslos prima, aber manchmal ist es für meinen Geschmack ein kleines bisschen zu laut. Eigentlich ist es ein großes bisschen zu laut. Und das nicht nur manchmal. Nahezu unverschämt laut, könnte man sagen. Gott, was ist das teilweise für ein Gebrüll auf den Bühnen dieser Stadt! Wo bleibt denn da die Nostalgie? Da denkt man doch wehmütig zurück an die Zeiten, die man selber gar nicht erlebt hat, weil man noch damit beschäftigt war, still und leidenschaftlich seine Windeln zu füllen, während Stars wie das Colonia-Duett, das Eilemann-Trio und das Wasweißichwer-Quartett ihrerseits still und leidenschaftlich über den Bildschirm flimmerten und die Herzen der Eltern füllten. Und zwar mit scheinbar unverstärktem Liedgut, das zu der Zeit noch die ungewöhnliche Dreistigkeit besaß, nicht nur schön zu klingen, sondern zur Freude aller passiven Fernsehkarnevalisten auch noch geistreiche Texte zu vermitteln. Da durfte man sich selbst als Saalpublikum noch erlauben zuzuhören, ohne alle acht Takte von den Stühlen gescheucht zu werden und mit den Armen zu wedeln. Da verharrte ein Hans Zimmermann, das bekannteste Ei der westlichen Welt, noch minutenlang schrammelnd in G-Dur, bis auch der Letzte im Saal den Sprach-, Tanz- oder Gesichtswitz seines legendären und kongenialen Kollegen Hans Süper verdaut hatte, damit auch ja keine Zeile des vorgetragenen Singspiels im Gelächter der Menge unter- und somit verloren ging! Effekthascherei der urehrlichsten Art.

Sehr rücksichtsvoll! Da liegt doch der wahre Ursprung des Fairplay-Gedankens, Rock 'n' Roll: Du sollst deine Zuhörer nicht steinigen und überrollen, sondern wie ein Fels in der Brandung die heranrollenden Wellen brechen. Und dann wird geschunkelt. Herrlich ... Un die ahl Frau Immerjrön saht: „Nänä, wat es dat schön!"

Na ja. Wie gesagt, da war ich noch sehr jung. Viel zu jung, um die Zeit so bewusst erlebt zu haben, als dass ich mir heute im Generationenvergleich ein rechtskräftiges Urteil über den Entwicklungsstand rheinischen Liedguts im aufbrechenden 21. Jahrhundert erlauben dürfte. Die Geschichten kenne ich ja nur aus mehrfach bearbeiteten mündlichen Überlieferungen. Teils basierend auf alten Inschriften im Treppenhaus des Gürzenich, die damals in Ermangelung eines Filzschreibers noch mit dem Löffel ins Gestein gekratzt wurden. Welcher Brauchtumsforscher würde da sorglos die Hand für in die Gulaschkanone legen? Und die vom Westdeutschen Rundfunk angeführten Schwarz-Weiß-Dokumente sind kritisch betrachtet von einer dem damaligen Entwicklungsstand zwar angemessenen Güte, könnten aber bei genauerem Hinsehen auch als Knetmännchen-Trickfilm durchgehen. Somit tendiert deren historische Aussagekraft auch gegen null. Und jetzt kommt endlich der Dom ins Spiel, der uns tagnächtlich an unsere katholizistische Verwurzelung erinnert, an das, was uns Halt und Zuversicht gibt, an unseren Glauben. Kurzum: Die große Kirche hat alles gesehen und sagt nichts Gegenteiliges, also glauben wir's ihr einfach! Früher war alles besser. Amen und Alaaf.

Aber ist heute nicht auch irgendwie früher, irgendwann? Lebten wir dann nicht jetzt schon in der Vergangenheit und die Entwicklung stünde erst am Anfang? Ist rückwärts nicht auch eine Richtung? Wäre der Stillstand der sichere Tod und der Fortschritt somit lebensmüde? Hatte ich schon erwähnt, dass die kurze Session mich kirre macht und mir meine Gedanken sehr besorgniserregend erscheinen? Ja, das hatte ich. Loslassen, die Gedanken, zügig, sonst flüchtest du wieder umsonst, Herr Metzger. Wieder zur Sache, Schätzchen:

Vielleicht war es also das Erlebnis der Entdeckung einer neuen, beängstigenden Krankheit, das mich dazu zwang, das schon mehrmals erwähnte, aber bislang in diesem Zusammenhang immer noch nicht veröffentlichte Poem zu texten und kopflastig zu vertonen. Im Grunde genommen ist es aber auch völlig wurscht, warum es mir entfuhr. Es ist jetzt da, und das ist gut so, wozu auch immer. Hier also nun mein geistiger Erguss, den ich bewusst in kölnischer Mundart verfasst habe, damit das Geschimpfe nicht so wehtut. Im Dialekt protestiert es sich nämlich freundlicher. Das sagt auch Tante Elfi. Und die muss es ja wissen, schließlich hat sie schon tausende Bücher, wenn nicht hunderte Bücher, ich glaube fast mich zu erinnern, dass es sogar genau fünf Bücher sind, im akademisch korrekten Kölsch-Kauderwelsch veröffentlicht. Ich sag jetzt aber nicht, wo. Das ist hier ja kein Werbeflieger für andere Autoren. Sondern ein Liederbuch. Ohne Noten. Man kann nicht alles haben, für knapp unter neun Euro...

1
"Neulich hann ich mir en Sitzung belort,
nä wat wor dat ne Buhei.
Üvver Desch, üvver Stöhl, et hät nit lang jedort,
do wor en dem Saal Roserei.
Denn et kom en Kapell, doch die kunnt mer nit sinn,
denn üverall stellten se Lautsprecher hin.
Un dann hann se jespillt – nit schön, ävver laut,

mi Hätz hät jeblot un ming Naach wor versaut...
Un ich frogen üch..."

So. Erst mal bis hier hin und nicht weiter. Denn jetzt käme der Refrain, das wäre verfrüht. Zunächst sei dem in notierter Mundart ungeübten Leser, von dem ich jetzt einfach mal annehme, dass es ihn, also Sie, immer noch gibt, die exponierende erste Strophe zur grundlegenden Verständigung – allerdings ohne Rücksicht auf Sangbarkeit und Versmaß – ins Hochdeutsche entschlüsselt. Damit hier durch Übersetzungsfehler ja keine Missverständnisse entstehen. Deshalb aufgemerkt, derselbe Quatsch noch mal in freiem Hochdeutsch:

1
„Vor gar nicht allzu langer Zeit habe ich mir eine Karnevalssitzung angeschaut.
Nicht zu glauben – aber das war vielleicht ein wildes Schauspiel!
Das Volk ging über Tische und Stühle – und es dauerte nicht lang,
da wurde die Situation annähernd zu einer Verwirrung biblischen Ausmaßes!
Denn es kam eine Musikkapelle, die man allerdings ob der von ihr bereitgestellten, technischen Beschallungseinheiten gar nicht sehen konnte, und begann aufzuspielen –
wobei die Qualität des Liedgutes aufgrund der stark überhöhten Lautstärke nicht zu bewerten war...
und sorgte mit ihrer Darbietung dafür, dass mein Herz zu bluten begann und die Nacht für mich stimmungstechnisch gelaufen zu sein schien.
Daher werfe ich hier in aller Öffentlichkeit die folgende Frage in den Saal:"

Refrain
„Muss et denn immer so LAUT sein, jeit dat denn nit mih en schön?
Muss et denn immer jeklaut sein, vun wäje kölsche Tön!
Muss et denn immer versaut sein, frivol und so obszön!
Künnt et nit widder vertraut sein, nä wat wör dat schön...
Künnt et nit widder vertraut sein, nä wat wör dat schön..."

Auch den Refrain möchte ich dem dialektisch unbefleckten Freund der gepflegten Volksmusik nicht unverstanden lassen. Denn dieser birgt ja bekanntlich die Hauptaussage des Ganzen. Nicht der Freund, der Refrain, versteht sich. Später natürlich auch der Freund, wenn er denn dann die Aussage verstanden, für sich als vertretbar akzeptiert und verinnerlicht hat. Akzeptiert er sie jedoch nicht, war zumindest für ihn die Übersetzung der Mühe nicht wert. Aber ohne textliches Verständnis keine mögliche Akzeptanz, das ist jetzt halt mein Risiko. Und dieses Risiko gehe ich hiermit ein, was habe ich zu verlieren:

Refrain
„Zählt denn in der heutigen Zeit wirklich nur noch die Lautstärke eines dargebotenen Liedbeitrags als einziges Qualitätsmerkmal? Wäre es nicht möglich, wieder eine gesunde Mischung der einzelnen musikbildenden Faktoren zu erlangen, die den Ohren des Rezipienten ein angenehm hörbares Produkt anbieten?
Darf es sein, dass Melodie und Text des Werkes grundsätzlich nicht aus dem geistigen Fundus der Vortragenden stammen, die aber diese Komponenten dennoch wissentlich als eigens erfundenes Neukölner Kulturgut anpreisen?
Wird nicht die Stellung der Sexualität in der Gesellschaft enorm überbewertet und mit frivolen, zotigen und teils obszönen Parolen auf den Sockel gehoben?
Wünschen wir uns nicht alle eine Rückbesinnung auf Bewährtes und Vertrautes, Liedgut mit intelligentem Text und anheimelnden Melodeien, wäre das nicht eine Vorstellung, die uns allen Freude bereiten würde?
Wünschen wir uns nicht alle eine Rückbesinnung auf Bewährtes und Vertrautes, Liedgut mit intelligentem Text und anheimelnden Melodeien, wäre das nicht eine Vorstellung, die uns allen Freude bereiten würde?"

2
*„Ich soß aan der Thek un sang dieses Leed,
dat hät hinger mir einer jehürt.
Hä daach sich: Hey! Dat weed ne Hit,*

hä hät sich aan janix jestört.
Nohm en elektrisch Jitta –
Dat ess en Flitsch unger Strom,
un e paar Trumme dobei.
Hät et usprobeert, et hät funkzijoneet,
un en dem Saal Roserei ...
Denn hä hät jebröllt ..."

2
„An der Theke verweilend sang ich verträumt den soeben gehörten Refrain in einer Lautstärke, die es einer hinter mir in der Gaststube platzierten Person möglich machte, diesen aufzuschnappen. In der Annahme, das bislang unbekannte Liedgut hätte ein gewisses, von mir bislang scheinbar unbeachtetes Hitpotenzial, entschied er sich zum skrupellosen Ideendiebstahl. Unter Zuhilfenahme einer elektrischen Gitarre, einer Art Mandoline unter Strom, und eines großen Trommelsatzes führte er das musikalische Werk unerlaubt probehalber auf. Seine Rechnung schien aufzugehen, denn das Publikum bebte und tobte unter den dröhnenden Klängen seiner Version des Liedes, als er begann es in den Saal zu brüllen:"

Refrain
„Muss et denn immer so LAUT sein, jeit dat denn nit mih en schön?
Muss et denn immer jeklaut sein, vun wäje kölsche Tön!
Muss et denn immer versaut sein, frivol und so obszön!
Künnt et nit widder vertraut sein, nä wat wör dat schön ...
Künnt et nit widder vertraut sein, nä wat wör dat schön ..."

(Regieanweisung: Der zweite Refrain ist dramaturgisch gesehen eine Persiflage auf das zuvor beschriebene Szenario. Mehr gerufen als gesungen, begleitet von einem hundertköpfigen Orchester aller Waffengattungen, soll er dem Hörer nur so um die Ohren gehauen werden, auf dass dieser zusammenfahre und nach dem Ende der Attacke noch einmal den gesamten Text stillschweigend resümiere. An dieser Stelle sei erwähnt, dass es dem Vortragenden von mir freigestellt ist, die Wiederholung des zweiten, alsomit des dritten Refrains, mit den an das Publikum gerichteten Worten „Wo sind meine Hände?" einzuleiten. Dann aber bitte mit genau diesem Wortlaut: Wo sind meine Hände? Eine, wie ich meine, äußerst spitzfindige Anspielung auf die unartig rhetorische Frage „Wo sind eure Hände", die das noch klatschunmotivierte Auditorium zum Benutzen der körpereigenen Rhythmusinstrumente animieren soll. Nötigen, mag man fast sagen.

Entschuldigung, aber wenn ich klatschen will, setze ich mich domseitig ins Café Reinartz und warte, bis sich ein Rollbrettfahrer formschön auf die Fresse legt. Und das muss auch schon äußerst spektakulär aussehen, bevor es meinen Beifall gibt. Aber immerhin kann ich da selber entscheiden, wann, wie lange und wie laut ich Jubelgeräusche ausstoße. Aber auf einer Sitzung? Wie oft wird man da eigentlich an einem einzigen Abend gefragt, wo man seine Hände hat? Im Zweifelsfall immer am Weinglas, damit kein hochschreckender Sitznachbar die teure Plörre umstößt. Wo sind eure Hände! Ja, ja. Ich habe gerade bewusst das Frage- durch ein Ausrufungszeichen ersetzt, denn ich sehe diese Killerfloskel eher als Befehl denn als höfliche Bitte, und zwar einen, der auf der Liste der unerträglichsten Animationsbelästigungen ganz weit oben steht. „Wo sind eure Hände!" kommt da für mich noch weit vor „Und jetzt alle/der ganze Saal!" oder alternativ „Und jetzt mal nur die Mädels/Männer!", „Das geht noch lauter...", „Alles auf!" und „Schunkele!". Wir sind doch nicht beim betreuten Feiern. Wenn ich mir sagen lassen will, wie ich mich sinnvoll zur Musik bewege, dann gucke ich die alten Videos von der Tele-ZDF-Ski-Gymnastik oder ich gehe in die Tanzschule, und selbst da kann ich unbehelligt ein Bierchen mümmeln, wenn mir der kommandierende Pirouettendreher auf den Senkel geht. Aber den ganzen Abend darüber nachdenken zu müssen, wo ich meine Hände gerade habe... das ist mir einfach zu blöd. Was denken die denn, wen sie vor sich haben? Graf Alfred von Alzheim und seine anonymen Alkoholiker? Wie stelle ich mir die denn bloß beim Aufbruch vor?

„Schatz, es kann losgehn, haben wir alles?"
„Ich denke schon."
„Haustürschlüssel?"

„Jap!"
„Portemonnaie?"
„Jap!"
„Eintrittskarten?"
„Jap!"
„Hände?"
„Ööööööööööööhm ... jap!"
„Dann merk dir gut, wo die sind, falls gleich mal einer danach fragt ..."

Ach, was weiß denn ich. Nennt es Satire, nennt es Ironie ... Hauptsache, ihr nennt es und kauft den dämlichen Tonträger. Den Beethoven holen wir noch ein! Ein Euro jedes verkauften Exemplars geht an die Stiftung „Tinnitales Wummern", die ich in Kürze zu gründen beabsichtige, ein weiterer an die Selbsthilfegruppe „Zwangsneurotisches Klatschen", deren Dozent und einziges Mitglied ich bin, und wenn dann noch was übrig bleibt, kaufe ich mir davon eine Sitzung, bestücke das Auditorium ausnahmslos mit Rockmusikfreunden und lasse alle Robinson-Club-Sänger bis zur Verwirrung ins Leere animieren! Und am Schluss kommt dann Brings und es wird heftig gerockt und gerollt. Man will ja schließlich auch seinen Spaß haben. Poppen, Karten, Tanzen ... Und jetzt alle! Herzlichen Dank.)

Kapitel 7

Komiker Inkognito
Oder: Ein wirklich guter Freund!

„Dä Blötschkopp? Kenn ich! Dat is ne joode Fründ!"

Als ich vor einigen Jahren beschloss, mir ein Kostüm an den Leib messen zu lassen, dessen Farbgestaltung von fast körperverletzender Wirkung ist, hatte ich wahrlich nicht auf dem Schirm, wie sehr den Betrachter dieses Flickzeug des Teufels von der wesentlichen Erscheinung des humoristischen Künstlers ablenkt. Ich werde das Gefühl nicht los, dass der Publikant – wenn das die richtige rhetorische Variation für den kleinsten Teil eines Publikums ist – anfängt, meine Gesamterscheinung auf rot-gelbe Karos zu reduzieren. Das mich umhüllende Textil hat mich gefangen genommen und lässt es nicht mehr zu, dass ich ohne als Komiker erkannt, akzeptiert oder auch nur geduldet werde. Nach der Manfredisierung meines Namens trägt nun die Verkostümierung meiner Seele dazu bei, dass ich abends nach dem Ausziehen nicht nur nicht weiß, wie ich eigentlich heiße, sondern mich auch ohne Clownsgewand selbst nicht mehr als Blötschkopp im Spiegel erkenne. Die Verpackung des Produkts hat dem Produkt den Rang abgelaufen. Christo, der alte Einwickler, hätte seine wahre Freude an mir. Aber zum Glück kennt der mich nicht. Sonst würde er womöglich noch mein Arbeitsgewand in Kunstharz gießen, um mit der Konservierung desselben der flüchtigen Pointe ein dauerhaftes Denkmal zu setzen. Was für ein pseudointellektueller Schwachsinn! Im Grunde genommen ist er einfach nur schwer schrill, mein Anzug. Und mit dieser Eigenschaft hat er es doch tatsächlich geschafft, prominenter zu werden als wie ich. Blödsinn? Na dann pass mal auf, Ungläubiger!

Es begab sich heute Mittag, dass ich mich durch das Entstehen eines Loches im Zeitplan das erste Mal in der Session zu einem wohlverdienten und bitternötigen Pausenschmaus begeben konnte. Um diesen einnehmen zu können, ohne den Restgästen in der gastronomischen Einrichtung ein dauerhaftes Netzhautflimmern zu vermachen, und des Weiteren meine Siesta zu wahren, entledigte ich mich meiner Ummantelung und betrat die Lokalität, ohne von den Speisenden auch nur im Geringsten beachtet zu werden. Das war zunächst ganz schön. Als ich allerdings nach einer Stunde bemerkte, dass ich nicht nur von den Speisenden, sondern auch von den die Speisen Bringenden missachtet wurde, verließ ich in Ermangelung weiterer Wartezeit hungrig und unerkannt den Grillimbiss. Man kennt mittlerweile die Problematik: Gegessen wird, wenn Zeit ist. Zeit war. Aber es gab nichts zu essen. Scheiße passiert. Also Kopf hoch, Magen zu, und weiter auf dem Weg der Fröhlichkeit, in den Kampf gegen den Griesgram und das Muckertum, der und das sich komischerweise gerade selbst in mir ausbreitet. Aber gegen mich selbst zu kämpfen wäre, ausgehungert wie ich wieder einmal bin, recht unausgeglichen und daher schon im Ansatz zu verdrängen. Dann schon lieber gegen einen ebenbürtigen Gegner. Und ein solcher stellt sich mir heute Mittag doch partout in den Weg und somit zur Verfügung:

Ring frei zur ersten Runde. Abgehetzt wetze ich just in time auf eine Türe zu, die bühnenrücklings seit Jahrzehnten dazu dient, dem Kunstbietenden schnelleren Zugang zum Bühnenraum zu verschaffen. Damit am Zugang die Unterscheidung von Kunstbietendem und Kunstfordernden gewährleistet ist, hat sich der Saalbetreiber einen brillanten Schachzug einfallen lassen: Vor dem Tor zum Musentempel installierte er einen – zugegebenermaßen von körperlich recht unbeeindruckender Erscheinung seienden – Wachmannersatz, der sich mir todesmutig in den Weg wirft und mich freundlich, aber bestimmt anbellt:

„Moment emal, junger Mann, erstemal die Eintrittskarte bitte!"

„Ne Eintrittskarte hab ich nicht!", kontere ich unüberlegt und wirkungslos.

„Jadann kommen Se hier auch nicht erein!", spricht es aus ihm, und seine logische Konsequenz zwingt mich das erste Mal in die Knie.

„Entschuldigung, aber ich bin hier immer ohne Eintrittskarte reingekommen...!", poche ich trotzig auf mein Gewohnheitsrecht. Da ich aber nicht mit einem Juristen boxe, sondern mit einem pflichterfüllten Obmann, geht auch dieser Punch ins Leere und wird von meinem Kontrahenten stehenden Fußes völlig neutralisiert:

„Das kann schon sein, aber der Kollege ist letzte Woche entlassen worden!"

„Nenene – da verstehen Sie jetzt aber was falsch...!", versuche ich den Kampf wieder in geführte Bahnen zu bekommen. „So war das jetzt nicht gemeint!"

„Jüngelchen!", sprengt er all meine Taktik und zwingt mich zu Boden. Jüngelchen. Für mich eindeutig ein Tiefschlag. Aber für einen Schiedsrichter hat das Geld nicht gereicht und somit muss ich den Treffer stillschweigend hinnehmen. Jüngelchen. Das ist doch wohl ein Knaller. Ich bin 35 Jahre alt, aber kaum habe ich mal kein Kostüm an, gehe ich scheinbar für 16 durch. Was kommt jetzt noch, darf ich mal deinen Ausweis sehen? Weiß der Papa, dass du so spät noch draußen bist?

Magst du einen Lolli? Mit Kostüm sehe ich aus wie 44 und werde trotzdem kaputtgeduzt. Auch nicht gut gelöst, aber immerhin noch besser, als hinter der Halle von Schutzmann Schröder das Fläschchen zu bekommen. Wie komme ich mir denn da vor? So langsam kommt mir die Vermutung, dass meine Gegenüber durch den bloßen Anblick meiner Karoattacke Netzhautflimmern bekommen und sie der dadurch entstehende Signalüberschuss den halben Knigge vergessen lässt. Danke. Bitte. Freundlicherweise. Herr Metzger. Alles weg. Nur wegen des Kostüms. Aber das habe ich ja im Moment gar nicht an?! Daran kann es jetzt nicht liegen ... also aufstehen bei acht und angezählt weiterlauschen. Er wird sich schon preisgeben, seine Deckung öffnen. Und dann bekommt er eine auf die Mütze und Schluss.

Glocke. Zweite Runde. „Jüngelchen! Ich stehe hier schon seit 25 Jahren!", eröffnet er mit einer mich verwirrenden Kombination. Seit 25 Jahren? Er wird doch hoffentlich zwischendurch mal nach Hause gegangen sein? Das geht doch tierisch auf die Beine! Warum steht der noch so fest? Hör auf zu philosophieren, Metzger, duck dich, der Dackel drischt weiter:

„... und in diesen 25 Jahren ist bei mir aber auch nicht nur ein allereinzigster Mensch ohne Eintrittskarte hier ereinjekommen!" Der meint es ernst. Ist aber noch mal gut gegangen. Nicht so hart wie erwartet. Das bringt keinen Bambus ans Wedeln. Atmen, Marc, atmen, den richtigen Zeitpunkt abwarten und angreifen. Aber Warten ist im Moment einfach nicht mehr drin. Ich habe es schließlich eilig. Der Gegenstoß, vielleicht ein wenig zu überhastet:

„Torwächter, Vorschlag zur Güte, ich kann ganz prima Witze erzählen, wenn hier in fünf Minuten ein Redner fehlt, lässt du mich durch! O.K.?" Sehr überhastet sogar. Völlig überstürzt, mag man meinen. Ich komme schwer aus der Puste. Trotzdem Wahnsinn, wie ich meinen Gegner mit dem Spiegelwort O.K. verbal schon auf sein nahendes K.O. vorbereite.

„Nänä, in fünf Minuten ist der Blötschkopp dran! Guckemal, da kommt er grad!"

Autsch. Die kurze Linke von unten. Das tut verdammt weh, ich sacke bodenwärts, zähl mich jetzt bloß keiner peinlich an, ich weiß, dass es vorbei ist! Der macht mich kirre, der Mann. Psychologisches K.O. in der zweiten Runde. Die vernichtende Unlogik seiner Aktion nötigt mich zur Aufgabe. Auf dem Pflaster hutschend wage ich einen Blick längs der ausgestreckten Siegerhand meines Peinigers ... und sehe meinen Fahrer, der, anstatt mit einem wurfbereiten Handtuch mit meinem Kostüm über dem Arm fröhlich begrüßt werdend durch die Glastür scharwenzelt. Im Inneren des Heiligtums wendet er sich kurz mir und meiner unerfreulichen Erscheinung zu, lächelt mich verständnislos an und scherzt: „Hey, Chef! Hast du keine Lust?"

Und ich sage: „Lust habe ich schon ... aber keine Karte!" Reißt ihm den Lorbeerkranz vom Leib – ich plädiere auf Unentschieden ...

Das war heute Mittag. Aber wie wir alle wissen, grüßt das Murmeltier ja täglich und Mittag ist somit andauernd irgendwie immer. Jedenfalls immer dann, wenn ich mal gerade nicht als der zu erkennen bin, der ich bin. Ich gebe zu, liebes gefaktes Tagebuch und lieber Freund des gefakten Tagebuchs, dass es nicht immer von übellaunender Wirkung ist, dieses „Nicht-erkannt-Werden". Generationen von Kindern in meinem damaligen Alter hätten beherzt ihren Lieblingsteddy versetzt, um in den Besitz einer Tarnkappe zu kommen, wie sie uns dereinst im schlechtcolorierten tschechischen Kinderfilm vorgestellt wurde. Nun, ich habe jetzt quasi eine und könnte diese zu Geld machen. Oder besser zu Teddys. Aber aus dem Puppenalter bin ich Gott sei Dank vor ein paar Jahren rausgekommen und für Geld würde ich meinen Tarnanzug eher doch nicht verhökern. Es ist schon recht witzig, das ein oder andere Mal ...

Auf der Toilette kann es oftmals sehr amüsant sein. Da lassen die Bedürftigen ja nicht nur ihren Gedanken freien Lauf ... und wenn dann unten der Druck nachlässt, ist oben wieder Platz frei zum Denken. Nicht umsonst findet man die wahren Sinnsprüche des alltäglichen Lebens an den Türen der Denk- und Pupskabinen öffentlich zugänglicher Veranstaltungsorte. Und unerkannt den Philosophen der Rinne bei der Arbeit beizuwohnen, ist mir wahrlich ein Fest. Auf dem Damenklo zum Beispiel ... kenne ich mich nicht aus. Aber bei uns Herren erlebe ich die schönsten Sachen, wenn sich Mannes Hirn vom Druck befreit, entweichen wie bereits besprochen seine Gedankenergüsse über die Zunge, unkontrolliert, aber in reinster, ehrlichster Form. Folgender Dialog, der sich so, so ähnlich oder überhaupt nicht zugetragen hat, sei hier einmal als Exempel statuiert:

Ein Mann: *(mittelschwer angeschlagen, geschätzte hohe Zwei vor dem Komma, Muttersprache im Gesamtbild hart an der Erkennungsgrenze, dennoch äußerst freundlich und bodenständig, sich breitbeinig Richtung Kacheln geneigt erleichternd)* Leck mich am Arsch! Zwanzisch Kölsch und alles wieder weg! S'wirklisch schade um das schöne Geld!

Ein Künstler: *(ich, inkognito, nüchtern wie ein Einserabitur, Muttersprache auch ohne Vaterschaftstest eindeutig erkennbar, schräg lässig an eine Papptrennwand lehnend, den nächsten freien Platz im Blick)* Jaja. Doof, ne?

Jetzt wieder der Mann: Ejaja. Und wie das doof ist. Dat sach ich dir, Jung! *(Hat er ja jetzt getan.)* Dat is abber auch so was von doof. *(Ich hab's ja begriffen!)* Abber eine Supperstimmung, wa, he, nä? Supperstimmung! So was hasch noch nischt erlebt, so was! *("So was" ist doppelt, da ziehe ich eins ab. Wenn er so weitermacht, wird das "Spitze!", da holt er sich den Punkt locker mit zurück.)* ... so eine Stimmung, dat is eine Stimmung, da is der Jürzenich eine Frittenbude dagegen!!!

Ich Künstler: Jaja ... das sagt man so, nicht wahr? Der Gürzenich, eine Frittenbude, kenn' ich, den Spruch. Sehr originell. Fürwahr.

Der Mann: Dat sage ich dir, Jung! *(Danke, endlich sagt's mal einer!)* Dat Projramm is abber auch supper, Supperprojramm, nä? Supper! Et ist ja widder alles dabei, was Rang und, was Rang und ... na ja, was man halt so kennt ... nä?

Wieder ich: Das kann schon sein, aber leider habe ich noch nicht so viel gesehen, vom Programm, ich bin viel unterwegs, verstehen Sie?

Mannfred: Näääää, supper! *(Er versteht offensichtlich nicht...)* Eimwantfrei! Supperprojramm... Grad eben war der, der, der, hier – warte! *(Was bleibt mir anderes übrig, ich warte...)* Der, hier, der Karierte da ... he, der, der Blötschkopp! Wahnsinn – Waaahnsinn, haste den schon mal jesehen? Der Karierte, Wahnsinn ...

Der Karierte: Ja, ich glaube, den habe ich schon mal, den habe ich schon mal irgendwo ...

Mein Fan: *(ignorant triumphierend)* Ein wirklich guter Freund von mir!!!!! Den kenne ich bald schon – lass misch nicht lügen – bald schon vierzisch Jahre!

Wer, ich?: *(O, mein Gott! Jetzt habe ich ihn lügen lassen, dabei hat er so flehentlich darum gebeten, dass ich es vermeiden soll! Das geht auf mich. Das war meine Schuld. Ach herrje...)* 40 Jahre! Das hätte ich nicht..., da war ich ja auch noch gar nicht... schön für Sie! Freut mich, wirklich!

Mein Freund: Jajaaaa ... und der is privat jenauso bekloppt wie auf der Bühne! Soll man gar nischt glauben! *(Glaube ich dir auch nicht!)* Jaaaa! *(Nein!!!)* Der is ja Waaaaaaahnsinnnn, so! Hättemerdat! *(Mein neuer Freund beendet das, was er tun musste, und klopft mir ungewaschenerhand auf die Schulter.)* Du bist wirklich ein Netter, Junge! Du redest ein bisschen viel, aber du bist ein Netter! *(Sollte er mich vielleicht doch noch erkannt haben?)* Mit meinem karierten Freund tätest du dich bestimmt gut verstehen! *(Nein, hat er nicht...)* Ich muss euch beizeiten mal vorstellen ...

Sein Freund: Das wäre mir eine *unvorstellbare* Ehre! Könnten Sie das wirklich arrangieren?

Der Magier: *(Die Waschbecken ignorierend)* Sischer, Jung! Alles machbar, Herr Nachbar! Man kennt sich *(Woher denn nur? So lass es mich doch endlich wissen!)*, man hilft sich! *(Ich pfeif aufs Woher! Hilfe kann man immer brauchen...)* Mach et gut! Atschö!

Ein Nachbar: *(Ihm ein Stück weit nachtrauernd, aber mit dem zwanghaften Willen, es jetzt gut zu machen...)* Danke! Und nett, Sie kennengelernt haben zu müssen...

Ende.

Wenn einem das Murmeltier aber auch ständigst derartige Episoden beschert, spielt man beim Verlassen der Örtlichkeit mit dem Gedanken, im Fluchtfall einmal Murmeltier zu grillen und die Eichhörnchen nur freundlich zu grüßen und fortan zu verschonen. Mit derartigem Gedankengut beladen schließt man sich den Latz, überlegt, ob man nicht doch das Rumpelstilzchen ist, gefangen im falschen Körper, und wird prompt durch einen wohlbekannten Zuruf aus dem Sinnieren gerissen: „HÖMMA! 50 Cent!"

Ich gehe jetzt mal aufs Klo..., vielleicht treffe ich da jemanden, mit dem ich über mich lästern kann. Oder besser noch: Ich treffe mich selbst! Das wäre toll! Ich wollte nämlich schon immer einmal wissen, warum ich mir in seiner Kindheit ständig gewünscht habe, für kurze Zeit jemand ganz anderes zu sein... Da frage ich doch gleich mal meinen Nachbarn. Und wenn die Antwort mich zufriedenstellt, dann gibt's von mir ein sprungloses „Spitze!" und ein Kostüm noch obendrauf! Hui, wie spannend – ich muss los! Machen Sie es gut. Atschö!

Kapitel 8

Unter der Dusche nur Ei!
Oder: Von charakterschwachen Wurstwaren

Der erste Montag, 7. Januar 2008, 22.50 Uhr, Em Golde Kappes, rein, gerade durch, kopfnach rechtslastig hinten im Eck, Raucherzone, kurz außerhalb der Grenzen von Raffas Hoheitsgebiet, aber immer noch im bekellnerten Bezirk. Ich sitze an meinem Tisch und entschleunige matt bei einem Glas Apfelsaftschorle. Den ersten Tag in der Woche habe ich als Redner ja generell frei. Genau wie mein Frisör. Was es wiederum dem Redner an sich schier unmöglich macht, seinen freien Tag zur Neugestaltung seiner Haarpracht zu nutzen, die es, nach wochenlanger Unterdrückung durch einen Südtiroler Sonnenhut, bitter nötig hätte, um nicht in Bälde gänzlich zu einem wasserdichten Hornballen zu verklumpen. Aber nein, der alte Scherenschleifer macht ja heute blau. Genau wie ich. Da muss ich mir wohl am Aschermittwochnachmittag meinen Kopfschmuck vom Hausarzt operativ wegflexen lassen. Aber Mittwochnachmittag hat der ja wiederum frei, der feine Herr Doktor. Wahrscheinlich sitzt er dann beim Frisör und lästert mit dem Sprechföhn über meine luftige Definition des tinnitalen Wummerns.

Zum Glück hatte der Köbes gestern schon frei und versprüht heute wieder gut erholt den typischen Elan eines Kölner Brauhauskellners, den zu übertreffen nur noch eine beziehungslose Mitvierzigerin am Schalter der Kfz-Zulassungsstelle imstande wäre. Aber nichts für ungut, der muss ja so sein, der Köbes: muffelig, rotzfrech, selbstverliebt und über jegliche Kritik erhaben. Sympathisch eben. Freundlichkeit ist was für ausgewiesene Weinkenner, die vor dem ersten Nippen am schlecht gewordenen Traubensaft erst mal tagelang mit dem Flaschenöffner parlieren, um beim späteren Vergurgeln der Köstlichkeit auch nur ja keine der trilliarden Geschmacksnuancen zu verpassen.

Bodenständige Biertrinkerinnen hingegen erwarten behandelt zu werden wie harte Jungs und feiste Mädels, die sich im fairen Kampf mit dem Bierzuteilungsausschuss Jakob das kühle Obergärige unter dem Einsatz all ihres Wissens über die kölnische Eigenart selbst erstritten haben. Hier geht es schließlich nicht um fliederartige Akzente auf morschhölzerner Basis mit schimmeligem Seitenhieb und torfigem Abgang, hier geht es schlicht und ergreifend um Durst, der weg muss! Und da hat man weder Zeit noch Lust, sich erst mal mit dem Köbes anzufreunden und ein Stündchen lang aus seinem Munde ein kurzweiliges Referat über die historisch sicherlich wertvollen Grundlagen der Braukunst entgegenzunehmen, sondern man will einfach nur ein Kölsch. Durst kann man, wenn man nicht gerade ein Fakir mit jahrzehntelanger Nagelerfahrung ist, Durst kann man nicht wegdiskutieren, Durst muss man löschen! Bei Durst hört bekanntlich die Freundschaft auf!

Im Brauhaus beginnt sie auch meist erst gar nicht, denn mit Freundlichkeit ist hier noch keiner weit gekommen. Also zofft man sich theatral mit dem Kellner, der eigentlich immer in Ausübung seiner Rolle nah am Kammerschauspieler agiert, bis er einem gnädigst eine Stange vorsetzt und murrend wieder abzieht. Oder man setzt sich einfach stillschweigend hin und bekommt sein Bier innerhalb weniger Sekunden ungefragt und ohne Zank dahingeklatscht, ob man will oder nicht. Prosit. Und wann man dann wieder will, entscheidet der Köbes. Da kennt der nichts, da ist er flott, da gibt es keine Diskussionen. Köbes bringt, Gast trinkt! Die ganze Etikette eines Braustüberls passt auf einen Bierdeckel. Befolgen Sie diese und es entwickelt sich fast so etwas wie Freundschaft zwischen dem Personal und den Konsumenten. Achten Sie in diesem Fall bitte genauestens, wie weit Sie gehen, sonst landen Sie nachher im Weinhaus. Nur ein gut gemeinter Ratschlag. Nichts weiter. Versuchen Sie allerdings zu Ihrer eigenen Sicherheit niemals, eine Apfelsaftschorle zu ordern, da gehen Ihnen aber blitzschnell die Argumente aus, dieses Kapitalvergehen kommt gleich nach Altbier. Und darauf steht in Köln immer noch die Todesstrafe! Oder Sie sind wie ich Stammgast. Dann wird Ihnen der unverschämte Wunsch nach Apfelsprudelwasser ab und zu gewährt...Manchmal.

Montags habe ich also wie gesagt frei, und weil ich deshalb heute nur fünf Auftritte hatte – ich bin halt kein knallharter Geschäftsmann und kann daher nicht wirklich gut „Nein" sagen, obwohl diese fiese Schwäche wirtschaftlich gesehen ja eher geschäftsfördernd ist –, gönne ich mir zum beängstigend frühen Feierabend mal eine Schorle und einen Halven Hahn, den Manfred mir küchlings gerade schlachtet. Es ist doch immer wieder ein Vergnügen, einem Bus voll Digitalkameras in Begleitung ihrer bedienungsberechtigten Japaner dabei zuzuschauen, wie sie, schlitzäuglings in fehlerhaft verfassten Reisewörterbüchern umherirrend, versuchen, sich politisch korrekt lächelnd über die Verwechslung ihrer Bestellung zu mockieren. Nikt ein Käseblödchen sei von Begehl gewesen, sondeln ein halbes knuspliges Hähnlein, bittel schön! Schenkelklopf. Oh, Spaß lass nach! Noch so einer: Igg möggte diesen Teppich niggt kaufen! Is' scho' recht, Depp, damischer ... Haha, juchhe! Der Bajuware kennt eine ähnliche Problematik. Aber das ist uns im heiligen Köln schnurzpiepegal. Wir haben hier unsere eigenen Touristenfallen: Halver Hahn und Kölscher Kaviar! Die wohl meistverbreiteten kulinarischen Irrtümer rheinischer Zeitgeschichte. Das halbe Grillhähnchen und der Kaviar vom Rheinstör haben schon Schiffsladungen von Niederländern vorbei an konsternierten Japanern zurück in den Fluss getrieben, in dem sie dann ertranken, ohne je die Wahrheit über die schmackhaft belegten Brötchen der Domstadt erfahren zu haben. Selig sind die Unwissenden, denn sie haben Hunger und keine Ahnung, wie lecker so ein Käsebrötchen ist. Oder eins mit Flönz. Hmmm ...

(Anmerkung des Autors: Dem verwirrt kopfschüttelnden Leser nichtrheinischer Veranlagung sei hilfreich Folgendes zur Hand gegeben: „Halver Hahn" (im Grunde genommen Kölsch für „Käsebrötchen". Aber sagen Sie das bloß niemals laut, das kommt einer verbalen Backwaren- und Milchproduktentweihung gleich und führt, wie jegliche auch nur andeutungsweise anticoloniale Äußerung, zur Ausweisung mit lebenslangem Wiedereinreiseverbot!): ne halve Hahn ohne Knoche us Holland met Röggelche – ein halber Hahn ohne Knochen aus Holland mit Roggenbrötchen. Auch auf Hochdeutsch enorm irreführend. „Kölner Kaviar" (hier wäre die naheliegendste hochdeutsche Umschreibung

"Blutwurstbrötchen", aber das klingt dermaßen bescheuert, dass bislang noch niemand auf die Idee gekommen ist, dies auch nur zu denken, geschweige denn auszusprechen. Aus diesem Grund ist mir für diese Äußerung auch das Strafmaß nicht bekannt. Vielleicht probieren Sie es mal aus und geben mir Bescheid. Falls Sie telefonieren dürfen.): Kölsche Kaviar, e Engk Flönz met Öllig – Kölner Kaviar, ein Ende Blutwurst mit Zwiebeln. Schon eindeutiger. Quelle: Kölsche Fooderkaat, Jet för ze müffele vum Golde Kappes. Ich könnte Ihnen selbstverständlich zur sprachhistorischen Herkunft der Speisentitel kistenweise kurzweilige Fachliteratur empfehlen. Tue ich aber nicht. Dafür haben Sie jetzt ja eh keine Zeit. Sie lesen schließlich gerade mein Buch. Ich hoffe, Ihnen trotzdem grundlegend weitergeholfen zu haben.)

Gut, wenn man sich – wie Büttenmetzger – ständig nur von Brötchen ernähren muss, wird einem die Leckerheit ganz schnell egal. Dann treibt der Hunger einfach rein, was geht, denn Hunger, der hörbar knurrende Bruder vom Durst, kann einen in der Auswahl der ihn stillenden Produkte ganz schön unwählerisch machen mit der Zeit. Und Zeit hat man ja sowieso kaum, also Zeit zum Essen, meine ich. Nicht zum unwählerisch gemacht werden. Das passiert passiv, das geht ganz nebenbei, das bekommt man bewusst gar nicht auf die Karte – schwuppdiwupp, und dir ist plötzlich alles Wurst. Auch wenn es ursprünglich mal als Käse in den Laden kam. Na gut, primitives Wortspiel. Entschuldigen Sie bitte!

Ach, was heißt denn hier entschuldigen Sie bitte? Ist doch mein Tagebuch, da kann ich ja wohl das Niveau der Wortspiele noch selbst bestimmen. Und wenn ich es so flach halte, dass Sie Gefahr laufen, beim Aufstehen drüber zu stolpern, Sie hätten sich ja gar nicht erst hinzusetzen brauchen, so ein Büchlein kloppt man doch straßenbahnfahrend im Stehen durch. Ich mache hier ja schließlich nicht auf Goethe und zwinge Sie mit meinem lederumklebten Lebenswerk in den Ohrensessel! Was reg ich mich überhaupt auf? Es ist schließlich mein freier Montag. Da habe ich auf solche Diskussionen gar keinen Hunger. Vor allem nicht, wenn ich sie selber anstoße! Entschuldigung. Tut mir wirklich leid. Kommt bestimmt nicht wieder vor. Jedenfalls heute nicht. Dienstag vielleicht. Mal sehen ...

In Anbetracht des zu erwartenden Tellergerichts möchte ich mir eh anstatt zu debattieren lieber die Zeit damit vertreiben, einmal ein paar Worte über das Zusammenspiel der Faktoren „Hunger" und „Zeit" zu verlieren. Das ist jetzt nicht so riskant, wie es sich anhören mag.
Wenn ich diese Worte verliere, bleiben mir ja immer noch genug davon übrig, um mich zumindest ansatzweise im Kölner Großstadtdschungel verständlich zu machen. (Ich bestimme hier das Niveau! Ende der Debatte.)

Generell kann man sagen, dass Hunger ohne Zeit nicht gerade ein Vergnügen ist. Denn gegessen wird nur, wenn Zeit dafür ist. Und das ist im sessionalen Rednerleben lediglich morgens um sechs unter der Dusche – wobei hier nur hart gekochte Eier gehen, weil man sonst nicht richtig sauber wird und sich das ganze Bad vermatscht – und nach geleisteter Bespaßungsarbeit nachmitternachts in Woauchimmer.

Womit wir wieder beim Brötchen landen, denn etwas anderes hat die Abteilung promillebegrenzende Versorgung um diese Uhrzeit kaum noch zu bieten: Käsebrötchen, Mettbrötchen, vielleicht noch Siedewurst mit Brötchen und, wenn genügend Ehrengäste vor Ort waren, zweifelhafte Restbestände von Lachsbrötchen. Und dann steht man da vor den Ruinen eines gut gemeinten Buffets, fühlt sich wie ein Testkauer des Szenemagazins „Bäckerblume" und muss sich schweren Herzens für ein Restnahrungsmittel entscheiden, damit man nicht vom eigenen Hungerknurren ein tinnitales Wummern bekommt. Flink fliegen die vom Zigarettenklima trüben Augen über die optisch angeschlagenen Speisen, die zu diesem späten Zeitpunkt noch keinen darbenden Käufer vermittelt bekommen haben und sich daher bestimmt so fühlen wie der kleine dicke Marc, der bei der grundschuligen Mannschaftswahl zum Völkerball immer als einer der Letzten in der auktionären Reihe stand. Können zwei unterschätzte Schulkinder eine Reihe sein? Alles eine Frage der Definition. Fakt ist: Als Letztgewählter – oder besser als dem letztwählenden Kapitän mangels Auswahl großzügig Aufgezwungener – fühlt man sich einfach wie ein armes, warmes Würstchen. Und genau eines dieser Kategorie sticht mir meist in den Sehnerv, wenn ich mit der postmitternächtlichen Lebensmitteljagd zugange bin.

Kennen Sie, lieber Hobbyesser, kennen Sie Schmetterlingssiedewürstchen? Nein? Dann nehmen Sie mal ein handelsübliches Wienerle zur Hand und lassen Sie dieses ungefähr acht Stunden lang bei schwüler Hitze im Bottich vor sich hin dümpeln. Die klassische Version der Wasserfolter! Ich sage Ihnen völlig unprophetisch voraus, dass der arme Knacker spätestens nach acht Stunden fünf Minuten charakterschwach wird und sich öffnet. Erpresstes Ergebnis: Der Geschmack wabert ins Wasserbad, aber klare Wurstsuppe hat ja keiner bestellt. Darum nimmt man mitfühlend die Wurst mit dem herrlichen Restaroma von Presspappe und versucht somit zumindest dem Hunger ein Schnippchen zu schlagen. Aber wie soll das funktionieren, wenn einem der eigene Geschmacksnerv die Einreise der Köstlichkeit verbietet? Jetzt ist Improvisation gefragt! Halten Sie Ausschau nach Senf! Also nicht nach der Ihnen bekannten goldgelben Gewürzpaste aus der Fernsehwerbung, sondern nach der leicht bräunlichen Unterart, zu der sich der Senf entwickelt, wenn er bereits acht Stunden auf einem Pappteller vor sich hin vegitierend auf Sie gewartet hat. Ich weiß, das ist nicht schön. Aber es ist enorm praktisch, denn wenn Sie jetzt einen Löffel voll von dem Gullyglibber in die gespreizte Wurstware schmieren, dann hat das zwar zunächst die Optik eines offenen Wadenbeinbruchs, aber bereits nach leichtem Zusammendruck der Flügel entfaltet der Senf seine klebendige Wirkung und die Siedeware ist optisch betrachtet wieder in ihren Normalzustand zurückversetzt!

Im Ernstfall leihen Sie sich jetzt vom benachrichtigten Hausmeister einen 16er-Bohrer und schrauben sich damit ein Loch in das die Mahlzeit begleitende, unvermeidliche Brötchen. Jetzt noch schnell die Wurst hindurchgeschoben, fertig! Essen kann man die Plastik zwar nicht, aber sie sieht bestimmt ganz prima aus im Küchenschrank. Eine halbe Stunde hungerstillendes Kochen am Unfallort umsonst. Es ist Viertel nach eins. Und somit ist auch die Zeit der Mettbrötchen abgelaufen. Ich denke, die gegenseitige Beeinflussung der Faktoren „Hunger" und „Zeit" ist Ihnen nun ansatzweise enträtselt. Auf weitere Erklärungen habe ich auch keinen Bock, denn mein Montag ist kurz, meine Zeit knapp bemessen und etwas ganz anderes brennt mir unter den Nägeln und will meinem Tagebook eingeputtet werden:

das Mettmysterium. Dieses eröffnete sich mir dereinst im grenznahen Ausland, das so grenznah ist, dass es sprachlich und kulturell gesehen eher als ausländisches Inland durchgehen könnte. So umschrieben sei hier der kölsch-karnevalistisch missionierte Teil Belgiens, in den es mich zog, um einer dortigen Sitzung in einem Theater, dessen Namen ich weder aussprechen noch aufschreiben könnte, ohne mir eine mittelschwere Sprachverwirrung zuzuziehen, folkloristisch beizuwohnen.

Auf finanziell unterstützte Einladung einer höchst sympathischen belgischen Karnevalistengruppe mit Mütze und Feder hin, die einen Preis zu verleihen gedachte, ohne dem Rahmen einen anlässlichen Anstrich angedeihen lassen zu wollen und dem Preisträger derhalber eine nicht nur rückenfreundliche Trophäe in Form eines statusträchtigen Fasanenteiles, sondern auch einen kurzweiligen Abend in Form einer Sitzung zu verehren trachtete, reiste ich also gen Nachbarland. (Die ganze Tragweite dieser Formulierung wird Ihnen zwar erst in Kapitel 17 bewusst werden, aber das habe ich ja bislang noch gar nicht geschrieben. Jedenfalls mag ich Ihnen diesen Glauben vermitteln, da Sie mir sonst niemals abkaufen würden, dass das hier wirklich ein Tagebuch ist. Das wäre dann für mich und die äußerst rührigen Menschenkinder des mich betreuenden Verlagshauses von kontraglaubwürdiger Wirkung, steht doch vorne drauf und oben drüber eindeutig zu lesen, dass es sich bei dem von Ihnen gekauften, ausgeliehenen oder schlimmstenfalls in einem periodisch erscheinenden Printprodukt in Auszügen veröffentlichten Werk um ein Tagebuch handelt, welches man ohne zu murren in chronologischer Form schreibt, und nicht den Frühling einfach vor den Winter packt, weil man sich gerade der zweifelhaften Vorteile des stillhaltenden Papiers bewusst wird. Das wäre auch klimatisch gesehen sehr riskant. Egal, wenn der ganze Pfusch auffliegt, gibt's jedenfalls nur wieder Gemecker. Erfreuen Sie sich daher bitte lediglich an der literarischen Schönheit des Satzes, glauben Sie weiterhin an die grundehrliche Schreibweise des Autors, notieren Sie sich Seite und Zeile und kehren Sie während der Lektüre von Kapitel 17 noch einmal hierher zurück, um dann die geschickte Verschachtelung der Themenblöcke in ihrer ganzen geistigen Größe wertschätzen zu können. Dann wird alles gut. Vielen Dank.)

Im Land der Pommesköche angekommen, begann mein Magen umgehend damit, mich in unartigster Weise auf die ihm von mir angediehene Vernachlässigung aufmerksam zu machen, will sagen, er knurrte mich derart zurecht, dass sich meinerseits Zweifel erhoben, den zu absolvierenden Auftritt in bewährter Form ableisten zu können, sondern nur unter großer Anstrengung gegen mein energieerzeugendes Bauchorgan anbrüllend zu überstehen. Der Hunger musste weg. Da gab es keine Diskussion. Somit eilte ich flugs zum obligatorischen Backwarenstand, um mir dort einen schnellen Überblick über den Restbestand an belgischen Köstlichkeiten zu verschaffen. Im Ausland gilt für mich seit eh und je die Devise: Hier wird gegessen, was der Eingeborene isst! Pralinen gab es aber nicht und Fritten waren aus ... da blieb mir nur einmal wieder eines der grenzübergreifenden Mettbrötchen. Und die sahen sogar noch richtig gut aus, für Viertel vor zwölf. Der Plan erschien mir sättigend und gaumenstreichelnd zugleich, daher entschied ich mich kurzerhand für ein XXL-Mettmassaker auf einem halben Bauernbrot mit ordentlich Zwiebelschredder und Petersilie drauf. Was ich nicht ahnen konnte, war, dass der freundliche Grenznachbar die irrwitzige Angewohnheit hat, das tote, gehechselte Tier dickschichtig auf süße Milchbrötchen zu schmieren. Das sieht man aber im Bestellfall nicht. Und sagen tut es einem auch keiner, denn diese Unart begeht der Belgier nicht aus streitsüchtigen Gründen, sondern aus kulturell anerzogener Unwissenheit. Die machen das da halt so. Basta. Und wer's nicht mag, kann sich ja an der Tanke eine Dauerwurst kaufen. Das wäre schon eine Alternative gewesen, aber die Zeit hatte mal wieder etwas dagegen. Und außerdem ahnte ich ja auch noch nicht, dass eine Alternative überhaupt vonnöten sein könnte, da ich davon ausging, mein Rettemett auf einer gutmütigen Bauernstulle verteilt zu erwerben ...

Mett auf Milchbrot. Wie kann ich Ihnen dieses Geschmackserlebnis nur näherbringen, ohne dass Sie würgend Ihre nächstgeplanten Mahlzeiten verweigern? Sagen wir mal so: Ich biss zunächst einmal nichts ahnend hinein. Meine Geschmacksknospen verursachten daraufhin einen sofortigen Kurzschluss in der für die Warnung vor ungenießbaren Lebensmitteln zuständigen Hirnwindung, der es zuließ, den ersten Bissen tatsächlich herabzuschlucken. Mein Magen hingegen hatte von dem Ausfall des Betriebssystems noch nichts mitbekommen und schickte die erste Fuhre umgehend wieder nach oben, um dem Rest zu sagen, dass er gefälligst draußen bleiben soll... Es schmeckte schlicht und ergreifend ekelig – ungefähr so, als löffelten Sie gierig ein Stück Schwarzwälder Kirsch und bekämen nicht direkt mit, dass diesmal zur Feier des Tages eine Lage Zwiebelmett mit drin ist. Igittigitt, ich mag nicht mehr. Die Erinnerung schnürt mir regelrecht die Kehle zu und ohne Luft kann ich nicht tippen. Geschweige denn essen. Und das würde ich schon noch ganz gerne, an meinem freien Montag. Einmal in aller Ruhe die Drei-Sterne-Version eines ansonsten eher schlichten Mahls verköstigen, ohne die Kaugeschwindigkeit mit dem Sekundenzeiger meiner Uhr synchronisieren zu müssen! Ein herrlicher Gedanke! Entspannend und kinnwasserfördernd zugleich. Einmal einen Halven Hahn, bevor ich morgen wieder nur geduschte Eier und charakterschwache Wurstwaren bekomme. Ui, wie schön, da kommt auch schon Raffael mit meinem halben Hühnchen! Ich wünsche mir einen guten Appetit. Was, ob ich ein Kölsch dazu haben möchte? Mitten in der Session? Natürlich ni... ähm, ... natürlich! Her damit! Bis ich abwinke. Und ich winke ungern. Wo sind meine Hände? Rechts am Röggelchen, links an der Stange, du lästiger Quizmaster... Prost! (Na ja, ich hatte ja bereits anfangs von meiner Nein-Schwäche erzählt, ich muss damit bald mal zum Logopäden.)

PS: Bevor hier mein Gekaue keine deutlichen Äußerungen mehr zulässt, sei noch schnell erwähnt, dass das Brötchenschmieren als Aufgabe an sich bei vielen kleineren Vereinen schon zum Brauchtum gehört und daher das Brötchenbuffet in seiner bodenständig unauffälligen Art weitestgehend als Brauchtumspflege zu verstehen ist. Am Sitzungsmorgen versammeln sich die Spielerfrauen des Elferrats im Pfarrheim, hocken sich zur Bereitung des Abendmahls an einen großen Tisch – was oftmals den Eindruck einer kombinierten Bibel-Brötchen-Gruppe ohne Häkeln erweckt –, zehn Damen bauen Schnittchen und die übrige steht mit einem Pappmützchen am Kopfende und zitiert aus der Hackfleischverordnung. Lassen Sie uns dieses Schauspiel schützen! Oberammergau ist nahezu ein neumodischer Firlefanz gegen diese altbackene Form des Volkstheaters mit katholischem Einfluss. Darum esst mehr Brötchen, tut es für Köln! Und jetzt aber guten Appetit! Amen.

Kapitel 9

Von mir kein Wort zum Thema Subway!
Oder: Der große Preis Reloaded

Achtung, nächtlicher Jammertagebucheintrag: Der Sodbrand ist schrecklich und hält mich schon die halbe Nacht in schrägsenkrechter Liegestellung gefangen, ohne dass Ohrenklaus diesmal in irgendeiner Form für diese Lage verantwortlich war. Er leidet nur einmal wieder darunter. Unter mir und unter den Geräuschen, die Mensch verursacht, wenn ihm die heiß brodelnde Suppe ständig am Zäpfchen kitzelt. Wer hat sich das eigentlich ausgedacht, dieses Sodbrennen? Das braucht ja nun wirklich niemand! Meint scheinbar auch Li-La-Laune-Klaus, allerdings eher in Bezug auf mein mit dem Gesode verbundenes Geröchel, das ihn wieder mal mit dem Besenstiel die Tragfähigkeit seiner Schlafzimmerdecke überprüfen lässt. Kennt der denn eigentlich kein Erbarmen? Ich leide mich wund und er hat wieder nichts Besseres zu tun, als viel zu impulsiv auf seine hyperaktiven Trommelfälle hinzuweisen. Der Depp. Täte er mal einfach mit dem Gekloppe aufhören, würde sich die ihn malträtierende Dezibelzahl aber schlagartig bis gegen null vermindern. Und wenn er doch eh schon nicht schlafen kann, dann soll er bitte gefälligst zur Nachtapotheke tänzeln und mir irgendwas gegen dieses vulkanische Magenblubbern besorgen. Aber nein. Klaus hüpft lieber besenstechend auf der Federkernmatratze und nervt die Hausbewohner, die das Glück hatten, die Wohnung unter ihm zu bekommen. Ob die wohl taub sind? Oder einfach nur nett? Ich werde da die Tage mal klingeln gehen und fragen. Leise, versteht sich, ganz leise ...

Würg. Auweh. Gerade noch mal gut gegangen. Bei all der Reizunterdrückungsarbeit wird einem ja ganz flau in den Gliedern. Konzentrier dich, du Würger, denk an etwas völlig Neutrales. Kupfermuffen.

Katzenstreu. Oder kasachische Kastratenchöre ... ganz egal! Denk, an was du willst – gerne auch an Dinge, die nicht mit dem Buchstaben „K" beginnen –, nur bloß nicht ans Essen! Och nee – na, herzlichen Glückwunsch, du Geistheiler! Prima Ansatz. Jetzt bloß nicht ans Essen denken! Ganz toll. Genau so effektiv wie „Denken Sie bitte einmal eine halbe Stunde lang nicht an Geige". Da bekommst du das Gefiedel auch mit Antibiotika kaum noch in den Griff. Nicht ans Essen denken! So ein Blödsinn aber auch. Versuch es mal, und die ansprechendsten Schlussbilder aus „Lafer – Lichter – Lecker!" brennen sich dermaßen tief in deinen Denkbrei, dass der so ausgelöste Fressflash dich schlimmstenfalls bis in die Magersucht treibt! Das ist doch keine Perspektive! Ich muss mich schleunigst müde meditieren, sonst spucke ich Feuer und fackel noch die ganze Bude ab. Ohnmacht.

Es war an einem lauen Sommertag, mitten im Dezember. Unverliebt schlenderte ich mit meinem damaligen Altargeschenk auf der Suche nach einem kleinen Imbiss über den Heumarkt. Inge, so nannte ich meine gegengeschlechtliche Begleitung, Inge schlug vor, in einem amerikanischen Stullenfachgeschäft namens „U-Bahn" ein Sandwich zu erwerben. Hier seien umgehend zwei Dinge ins rechte Licht gerückt: erstens) Inge hieß gar nicht Inge. Aber ich habe mir in meiner Sturm- und Drangzeit angewöhnt, jede mir anseite gestellte Frau vorsichtshalber Inge zu nennen, um nicht durcheinanderzukommen, und zweitens) Der Schnittchenschuppen hieß nicht „U-Bahn", sondern „Subway", aber ich sehe nicht ein, für einen Laden Werbung zu machen, aus dem man nach der Beantwortung von mindestens tausend Fragen zu den persönlichen Ernährungsgewohnheiten immer noch hungrig wieder rausgeht. Außerdem ist die Kette im Moment eh total hip und braucht keine Werbung. Von mir daher kein Wort zum Thema Subway!

„Guck mal, Schatz! Da hinten ist ein Subway, wie toll! (Das war Inge, da bin ich raus!) Da gibt es superlecker Brötchen! Da gehen wir doch gleich mal hin!", meinte meine Einkaufsberaterin, der ich allerdings aufgrund der Originalität ihres Vorschlags das traditionell belohnende Schokoladenei nicht aushändigte. „Das sehe ich aber gleich mal anders!", konterte ich aus bereits angeführten Gründen. „Dein Käsebrotfreund lässt sich doch nicht erst ein Loch in den Bauch fragen, um dann nichts zu bekommen, um es wieder zuzumachen! Lass gut sein, Schätzelein, mir dünkt, ich habe da eine bessere Idee!"

Ohne eine Diskussion aufkeimen zu lassen, nahm ich sie direktemang bei der Hand und schleifte sie im Heimatviertel angekommen in den nächsten volkseigenen Betrieb – Edeka Übülüt –, wo wir uns eingeschwissene Lebensmittel zur Selbstproduktion des halben Hähnchens* zu kaufen versuchten. (*Halbes Hähnchen, von „Halver Hahn", siehe auch Kapitel 8.) Dass es allerdings beim bloßen Versuch bleiben sollte, ahnte ich beim Betreten des Discounters zunächst noch nicht. Ich Dummbatz! Wenn das so weitergeht, lande ich irgendwann einmal als bemitleidenswertes Opfer in „Aktenzeichen XY ... ungelöst", dessen Hauptauswahlkriterium ich unweigerlich schon damals erfüllte: Ich ahnte zunächst nichts! Dabei stand die Gefahr doch in Überlebensgröße direkt bei Fuß. Und die Gefahr hieß Inge. Wie kann ich auch glauben, unfallfrei mit einer Maus in den Käsekaufladen gehen zu können, deren Pizzataxiprospektstapel ungefähr das Volumen meiner Kochbuchsammlung erreicht. Und ich rede jetzt nur von Pizza. Da ist das Asia-Archiv noch gar nicht mit drin! Ganz zu schweigen vom Wurfmaterial aus dem Rest der Welt, der es sich zur Aufgabe gemacht hat, in nur zehn Minuten seine lauwarmen Spezialitäten in Styropor auf die Ikea-Tische dieser Stadt zu matschen. Ich mag behaupten, dass Inges Liste mit Nummern von rollerfahrenden BWL-Studenten länger ist als das gesamte Telefonbuch meiner ursprünglichen Heimatstadt, auf die ich in Kapitel 21 noch einmal eingehen werde. Ups. Hat keiner gemerkt ... Schnell zurück zum Thema:

Beim Versuch des ingegestützten Einkaufs tat ich zunächst das, was Männer tun, wenn sie im psychologisch gut strukturierten Eingangsbereich eines Filialbetriebes vom Blick auf die Ausstellung eines bekannten Kaffeeröstbetriebes hypnotisiert werden: stehen bleiben, den Verkehr behindern und sabbernd nach einem 16er-Bohrer spähen, um im Falle eines zukünftig eventuell mitternächtlich erworbenen Siedewürstchens nicht extra wieder den Hausmeister kommen lassen zu müssen. Diesen kurzen, schockähnlichen Moment nutzte Inge sofort aus, um sich von mir zu lösen und sich somit selbstständig im Markt zu bewegen. Das haarsträubende Ergebnis dieses femininen Ausbruchs nenne ich seit dato:

Der große Preis Reloaded.

Erste Frage. Milchprodukte 200. Inge macht mir den Thoelke und stellt mich aus der Käseecke fordernd vor eine lösbare Aufgabe: „Schahatz! Welchen Käse möchtest du auf dein Brötchen haben? a) Gouda, b) Emmentaler, c) Tilsiter, d) Leerdamer, e) Butterkäse, f) Brie, g) Havarti, h) Babybel oder i) Harzer Roller?" „E!" „E) Butterkäse?" „Nein. E) Gal! Aber auch so was von. Gelb muss er sein und aus der Kuh muss er kommen. Alles andere ist mir e)!" Keine Punkte. Aber trotzdem auf den Punkt geantwortet.

Frage zwei. Milchprodukte 300. Deutschland ist wieder dran mit Raten. Und bei Edeka Übülüt scheine ich Deutschland zu sein. „Schahatz? Welche Butter möchtest du aufs Brötchen haben? a) deutsche Markenbutter, b) leicht gesalzene irische Tafelbutter, c) gute Butter mit mehrfach gesättigten Omega-3-Fettsäuren oder d) Halbfettmargarine mit linksdrehenden Joghurtkulturen?" „E!" „...Schahatz, ‚E' war jetzt aber gar nicht dabei!" „E-gal! Du Klappspaten! In ganzer Linie e-gal! Es ist mir egal, wie satt deiner Oma ihre drei Fettsäuren sind. Es ist mir egal, in welche Richtung sich dein Joghurt dreht! Von mir aus linksrum, bis er brechen muss, aber gefälligst nicht in meiner Butter! E-gal wie das Zeug heißt, Butter, Margarine, Griebenschmalz, egal! Hauptsache, das Brot wird fettig! Das darf beim Schlucken nicht quietschen, verstehst du? Der Rest ist mir e-gal!" Klare Ansage, keine Punkte, aber die Quote macht einen Satz nach oben. Wenn das der alte Wim noch erlebt hätte!

Dritte Frage. Backwaren 100. England gibt auf! Und ich bin deshalb wieder dran mit Nix-Wissen. Zum Glück hatte meine zukünftige Exfreundin schon wieder eine kurzweilige Fragestellung auf dem Zettel. „Schahatz!?" Wo bleiben eigentlich Wum & Wendelin? Die kamen doch sonst immer auf den Schirm, wenn der Thoelke nicht mehr witzig wusste! „Schahatz, was für ein Brötchen möchtest du denn haben? a) ein Sesambrötchen, b) ein Mohnbrötchen, c) ein Vollkornbrötchen, d) ein Sonnenblumenkernbrötchen, e) ein Biovital-Achtkorn-Brötchen oder f) ein Tschiabattaaaah?" Unnötiger Zwischenruf des belgischen Kandidaten: „Ein Milchbrötchen!" Ich bewerfe ihn mit Schweinemett und bin wieder am Zug. „Ein Biovital-Achtkorn-Brötchen!" „Also ist es dir wieder e-gal?!" Inge scheint noch nicht verloren. Eheliche Hoffnung keimt auf. Dennoch rücke ich sie mit den Worten „Hör mal, du reanimierte Kleiderstange! Das Brötchen ist eigentlich nur dazu da, damit die Milchprodukte nicht auf den Boden fallen, der Geschmack ist für mich weitestgehend uninteressant! Nimm einfach das, wo du mit den Händen drankommst, und mach Jallah – du Tschiabattaaaah! Ich will hier nicht der erste Mensch sein, der im Supermarkt verhungert!" zurecht. „Ein ganz einfaches, deutsches Weizenbrötchen!", zieht Necmir, der Deutschtürke in Gang drei, überraschend gleich. Es geht ins Stechen:

„Du, Schahatz, möchtest du noch Gürkchen, Tomätchen, Zwiebelchen oder Salätchen auf das Käsebrötchen haben?!" Das kann der Westosmane natürlich nicht wissen! Und der Belgier hat Mett im Mund. Der Sieg ist zum Greifen nahe! Aber ich habe einfach keinen Bock, final punktend zu antworten, und gebe teilkapitulierend zurück: „Sicher! Natürlich! Jetzt noch Schafskäse dazu und es wird ein spartakianischer Hirtensalat! (Griechenland war schon in der Dusche!) Meinst du nicht, du fragst ein bisschen am Thema vorbei? Es ging ursprünglich mal um ein Käsebrötchen! Wir müssten doch schon längst bei der 1-Millionen-Euro-Frage sein! Aber was soll ich auch mit einer Million Euro, wenn mir meine Versorgungsschnalle dafür nicht einmal ein Käsebrötchen kaufen kann!? Fragen über Fragen und keine Sättigung in Sicht! Weißt du was? Du solltest das beruflich machen mit der Fragerei!"

Das Finale ist unwissend verschissen. Inge hat den Konter ungelerntenberufes im Sack. Der europäische Ratedolch bohrt sich in meine Brust. Meine Herausforderin stellt mich entblößt ans Tchibo-Regal: „Mache ich doch, Schatz, ich arbeite bei Subway!" Feuerwerk, Fanfare, Tagesthemen. Und ich bin zum Glück nicht drin! Neidisch auf die Omega-3-Fettsäuren, die, im Gegensatz zu mir, schon dreifach gesättigt sind, stehe ich warmschäumend im multikulturell bestückten Gang, während Belgien und die Türkei sich in euphorischem Siegestaumel eine Flasche Rotkäppchen köpfen, und wünsche mich sehnlich in mein kaltgeschäumtes Bett...

Es klingelt. In einer Art irgendwo zwischen bestimmt und verhalten. Ich erwache, entkaltschaumbette mich, öffne den Einlass und staune: In der Türe steht – wirr grinsend und mit durchgeladener Schrotflinte – nicht etwa der knadenlose Klaus (bitte verzeihen Sie mir, lieber aufgeschreckter Leser, dass ich zur Etablierung der in diesem Kapitel eingeführten Wortspiele mit „K" „gnadenlos" kackfrech umgemodelt habe. Darüber hinaus die nächtliche Belästigung durch meinen perfiden Eintrag!), sondern Klausens bis dato geduldiger Unterbewohner. Er fragt nach, ob wir an der Gründung einer schon seit längerer Zeit geplanten Nachbarschaftsmiliz teilhaben wollen, die es sich zur Aufgabe machen will, wieder Zucht und akustische Ordnung in die Wohneinheit zu bringen. Ich denke einen Moment prüfend über die Anfrage nach, lehne dann aber mit der Befürchtung, Klaus, der alte Speicherbär, könne schon beigetreten sein, dankend ab. Nachher quietscht beim Unterzeichnen der Mitmacherklärung mein Griffel und rumms, flakt Klaus uns füßlings das Wohnzimmer weg. Hm. Höchst ermüdender Gedanke. Wie schön. In diesem Sinne: Eat fresh morgen früh! Bis dahin, gute Nacht!

Kapitel 10

Liebe deine Stadt!
Oder: Aber trotze der Übersättigung...

„Köln ist die einzige Stadt der Welt, die stolz ist, kölsch zu sein!"

Rülps. Ups. Entschuldigung! Das ließ sich jetzt leider nicht vermeiden. Bitte haben Sie Verständnis. Ich befinde mich derzeit in einem Zustand, den eine mir wohlgesonnene Arzthelferin schlicht als „Lebensmittelnarkose" bezeichnen würde. Es ist mir zwar stets ein Rätsel geblieben, warum man einfach nicht damit aufhören kann, sich Erbsensuppe einzuträufeln, obwohl einen der Magen durch aktives Absprengen der Knöpfe im haltgebenden Bereich der Hose bereits inbrünstig zur Aufgabe mahnt, aber gelöst ist das Rätsel eben noch nicht und somit pfeif ich auf die Knöpfe, suppe weiter und lebe in sturer Tapferkeit mit den Konsequenzen. Ja, wo sind wir denn? Vier Liter Matscherbsen gehen doch wohl locker mal rein! Das übersättigte Völlegefühl soll mal schön bescheiden in der Ecke stehen und sich was schämen. Wenn's mir schmeckt – dann schmeckt's mir! Für das körpereigene Platzmanagement ist in erster Linie der körpereigene Platzwart zuständig, für meinen Appetit hingegen nur ich! Und da sich der Raumgestalter bei mir noch nicht vorgestellt hat, beschäftige ich mich zunächst einmal ausschließlich mit meiner oralen Bedürfnisbefriedigung. Auch wenn ich meist nächstentags ohne mit der Wimper zu klimpern einen Vertrag unterschreiben würde, der mir im Gegenzug für eine viermonatige Erbsensuppenabstinenz und die Spende einer nicht unerheblichen Summe Geld für einen wohltuenden Zweck eine lediglich eintägige Schmerzfreiheit gewährleisten würde. Aber Obacht! Sollte Ihnen, lieber Hülsenfruchtfreund, ein solcher Vertrag einmal vorgelegt werden, lassen Sie die Finger davon. Sie halluzinieren lediglich. Nachher unterschreiben Sie da was mit Zeitungen und haben auf Jahre hinaus die Arschkarte gezogen! Da spreche ich aus Erfahrung. 24 Monatsausgaben „Schöner rasenmähen" wegen nur drei Litern Erbsensuppe. Das geht sich einfach nicht aus.

Der Grund für meine momentane Indisposition ist also eher primitiver Natur: Ich habe mich schlichtweg überfressen. Daher missachte ich etwaig anhalluzinierte Verträge konsequent, denn die Bauchschmerzen gehen irgendwann von ganz alleine weg, die Spende wird überflüssig und abstinent werde ich aus Erfahrung freiwillig. Auch wenn ich sie mag, die Suppe, ich hatte einfach zu viel davon und bin sie satt! Das passiert. Nahezu mit allem, was man auch noch so gerne hat – man muss die Dosierungsanleitung beachten, einmal grob danebengemessen und schon ist's vorbei mit der ewigen Liebe. Das gilt, wie angedeutet, nicht nur für Erbsensuppe, Käsebrötchen oder Siedewurst. Auch die Gelüste nach Objekten aus dem gesamten Non-Food-Bereich können durch Übermaß und Völlerei in temporäre Antipathien umgewandelt werden. Autos. Schuhe. Städte ...

Ja, auch Köln! An diesem zunächst ach so liebenswert erscheinenden Metropölchen kann man in kürzester Zeit satt und kaputtgehen! Bitte glauben Sie mir, zu Ihrer eigenen Sicherheit! Als ich vor einigen Jahren das erste Mal in diese Stadt gelassen wurde und mir beim

Öffnen des Stadttores eine Welle von Kölnerinnen und Kölnerinnen entgegenbrach, kam mir blitzartig der Gedanke, mir sofort nach dem ersten Freischwimmen den Gesetzestext zu besorgen, der scheinbar vorschrieb, dass jeder Eingeborene auf jedem sichtbar getragenen Kleidungsstück mindestens einmal das Stadtwappen, die Domspitzen und wahlweise – hui, wie tolerant! – einen der Schriftzüge „Köln", „Colonia" oder „Cologne" tragen muss. Als ich bereits nach kürzester Eingewöhnungszeit von meinem ersten echt kölschen Mädchen zum Freund genommen wurde, wurde mir klar, dass geahntes Gesetz auch die unsichtbar getragenen Textilien mit einschloss. Unser erster gemeinsamer Saunabesuch ließ mich Tage später die gesamten Ausmaße des Phantomgesetzes auch nur ansatzweise erahnen: Ich musste Intimbereiche sehen, über denen moralisch gefestigt und mit unlöschbarer Tinte tätowiert zwei Kirchentürme wachten ...

Ja, was soll denn bitte schön so was? Ich kam aus dem Staunen nicht mehr heraus, und mit dem Staunen kam das Grübeln, und mit dem Grübeln die einleuchtende Antwort! Das klingt jetzt ziemlich hurtig, hat aber in echt eine ganz lange Weile gedauert! Das ändert allerdings nichts an dem ergrübelten Ergebnis: Ich musste davon ausgehen, dass der Kölner an sich und der Imi an ihm dermaßen stolz auf diese ihre Stadt sind, dass sie ohne schlechtes Gewissen in jedweder Situation dem Bedürfnis nachgeben, ihre Freude über die Existenz dieses bebauten Fleckchens Erde jedem, den es gerade nicht interessiert, kundzutun. Stolz auf diese Stadt! Stolz, ein Kölner zu sein! Jeck auf den Dom – Adenauer hatte recht! Köln ist die einzige Stadt der Welt, die stolz ist, kölsch zu sein. Ich meine in diesem Zusammenhang übrigens nicht Konrad Adenauer. Das wäre historisch gefuddelt. Ich zitiere hier Adenauer's Häns aus der Salzgasse. Der gibt sich gerne mal ein Kölsch. Und nach dem zweiten wird er dann meist philosophisch. Dann sagt der so was. Köln ist die einzige Stadt der Welt, die stolz ist, kölsch zu sein! Birgt ja eine gewisse Logik. Warum sollte zum Beispiel Aachen stolz sein, kölsch zu sein? Wie verwirrend wäre das denn? Düsseldorf hingegen ginge ansatzweise. Das macht zwar auch keinen Sinn, aber was macht denn dort schon Sinn? Ich habe kürzlich sogar gelesen, dass weite Teile Düsseldorfs schon einen gewissen Stolz verspüren,

Kölsch zu trinken. Kölsch trinken ist kölsch sein, und wenn bald alle mitmachen, bauen wir eine Mauer drum, stellen eine Kirche rein und haben einen Freizeitpark. Problem gelöst. Kölle Alaaf!

Viele Kölner wissen ja gar nicht mehr, dass außerhalb der Stadtmauern, also, dass es da noch andere ..., also dass da noch Menschen leben! Und die, die es noch wissen, ignorieren es einfach. Warum auch nicht? Kölsche Sprache, kölsche Musik, kölsches Theater, Kölsch vom Fass, mir all sin Kölle, mein Freund ist Ausländer, denn Porz wird nur geduldet ... Die Selbstverliebtheit der Kölschen hat eine solche Intensität, dass sie von ihnen derselbst gar nicht mehr zu verarbeiten ist und somit noch Menschen in weit entfernt gelegenen Siedlungen völlig lulle macht. In einem Umkreis von nahezu 320 Kilometern findet man in jeder Ansammlung von mindestens fünf Wohneinheiten wenigstens eine gastronomische Einrichtung mit dem Namen „Beim kölsche Jung". Rechnet man mit den gerade anhandgestellten Zahlen einmal hoch, kommt man zu dem höchst zweifelhaften Ergebnis, dass in der Originalstadt ausschließlich Frauen leben. Das kann auf die Dauer nicht funktionieren. Wer macht denn dann den Prinzen? Unmöglich! Und ebenso unrichtig. Denn betritt man eine der besagten auswärtigen Kölner Jungenkneipen – nicht zu verwechseln mit den inwärtigen Kölner Jungenkneipen, da weht ein ganz anderes laues Lüftchen –, findet man, sich hinter der Theke den Wolf zapfend, meist einen müden Immigranten aus Gera, der sich für 11.000 Euro in einem subversiven Ausbildungszentrum in der Nähe von Troisdorf zum Scheinkölschen hat umschulen lassen, mit der Abschlussklasse im Sammeltaxi in die Stadt gekarrt wurde, sich ein Stück vom Dom abgemeissnert hat, dieses in Woauchimmer auf die Wiese schmiss, Kneipe drauf baute: Heiliges Land – Beim Kölsche Jung – Kölle Alaaf!

Köln, so wurde mir einst von Abtrünnigen zugetragen, Köln ist keine Millionenstadt. Aber eine Millionen Städte sind Köln. Den Klassiker der Beweisführung gefällig? Dann nehmen Sie sich mal einen Tag Zeit, jetten Sie nach Mallorca und fragen Sie noch beim Aussteigen aus dem Luftverkehrsmittel den nächstaussteigenden Mitflieger: „Na, wo kommst du denn her?" Mit Sicherheit wird dieser Ihnen vollen Stolzes entgegenplatzen: „Köln!" Bleiben Sie hart und haken Sie nach: „Woher genau?" „Quadrath-Ichendorf..." Weiß der Schramma schon davon? Das Sessionsmotto 2007 hätte die Stadt nie verlassen dürfen: „Mir all sin Kölle!" Und jeder glaubt's... Wohin soll das denn alles noch führen? Wer behält denn da den Überblick?

Zum Glück hat das wirklich echte Köln ja noch ein Alleinstellungsmerkmal, das weltweit Sorge dafür trägt, dass die Stadt an sich vom Touristen als Köln anerkannt und akzeptiert wird. Den Dom! Seit dem Jahre 1248 das einzige Bollwerk der Welt, in und an dem schon Ausgrabungen stattfinden, obwohl das Dach noch nicht fertig ist. Der Dom! Wahrzeichen der Stadt, Mittelpunkt der Erde, Home of the Hillije Drei Künnige featuring Jojo Meissner, herrlich anzusehen, obwohl immer gerade irgendetwas kaputt ist, der Dom der Döme, das Herz der katholischen Kirche, wenn man vom Petersdom in Rom einmal absieht, aber da gibt es kein Kölsch und daher ist der bei aller Toleranz raus aus der rheinischen Wertung, der Dom, der Dom... der doofe Dom! Ja, entschuldigen Sie mal bitte, haben wir denn wirklich nur die große Kirche, den grauen Fluss, Nahrungsmittel aus Tierabfällen und einen Fußballverein, dessen Führung den Spielern jahrelang verheimlicht hat, dass es noch eine Liga drüber gibt? Und wenn schon, egal! Denn alles ist gut, solange es kölsch ist! Bleibt da nicht irgendetwas auf der Strecke?

Diese Frage habe ich mir schon vor ein paar Monaten gestellt und prompt beschlossen, die Strecke einmal abzulaufen, um nachzuschauen, ob dieses Irgendetwas tatsächlich irgendwo liegen geblieben ist. Aber da lag nichts. Im Gegenteil, da hing was! Und zwar geschrieben. Gleich schräg gegenüber der Oper musste ich in mannshohen Lettern eine Aufforderung zur Kenntnis lesen, die mich im Falle der Befolgung an den Rand meines Leistungsvermögens gebracht hätte: „Liebe deine Stadt!" Nein. Schluss. Aus. Vorbei! Mir ist der Wellensittich eingegangen, die Frau abgehauen und mein Alpenveilchen verkümmert, nur weil ich jahrelang ausschließlich damit beschäftigt war, meine Stadt zu lieben. Ich schaffe das einfach nicht mehr! Ich bin nebenbei auch noch berufstätig. Ich könnte umschulen, sicher. Aber Stadtliebhaber ist noch kein Lehrberuf, und bis der kommt, bin ich schon mit Riester auf Rügen. Und wenn da irgendwo ein Banner prangen sollte mit der mannshohen Anmache „Liebe deine Insel!", dann klau ich mir ein Boot und fahr hinaus aufs Meer. Und dann sehen wir weiter. Aber im Moment ist Rügen noch lang hin und Köln erdrückend nah... ich muss etwas unternehmen! Und ich meine damit keine oberflächliche Tagestour in die ruhende Voreifel mit abendlicher Einkehr, sondern eine tiefgründige Studienreise in mein aufgewühltes Ich mit anhaltender Umkehr. Meine kölsche Selbstverliebtheit muss doch irgendwie in den Griff zu bekommen sein! So dachte ich damals. Ist sie auch. So weiß ich heute... Aber dazu braucht es eine Menge Glück, wie Sie nun erfahren sollen:

Als ich eines späten Morgens leicht desorientiert, aber stärkst kölnverliebt aus der altstädtischen Touristenschwämme nach Hause suchte, hörte ich plötzlich in naher Ferne das süßsaure Gefluche eines mit seiner Situation scheinbar recht unzufriedenen Hopfenkobolds. Konfus spähte ich umher, und als ich ihn endlich erblickte, bot sich mir ein Schauspiel der besonderen Art. Der Kobold hielt sich den Kopf, hüpfte krumm von einem Fuß auf den anderen und wetterte, was das Wetter hergab! Unscheu schunkelte ich mich näher an ihn heran, doch auf einmal war er mir aus den Augen. „He, Menschling! Du hast mich gerade über den Haufen gerannt!", wütete er rücklings auf mich ein, im Begriff sich aufzurappeln und seine Springprozession auf der Stelle fortzuführen. Ich schnellte herum, und noch einmal, und wieder... bis ich meinen Schwindel so weit im Griff hatte, um bei den geplanten 180 Grad einrasten zu können. „Was stehst du auch in Kniehöhe so ungünstig herum?", pflaumte ich zurück, während die große Kirche mich kreiselnd einzukesseln versuchte. Im sich trotz dieser schwachen Eröffnung durch kölsche Grundfreundlichkeit ergebenden Gespräch erfuhr ich, dass ein dem Wichtel befreundetes Stadtparkeichhörnchen am gestrigen Abend von einem ziellos geflüchteten Menschling einfach weggegrillt worden war, er daraufhin protestierend Kölsch gepichelt habe, traurigen Herzens eine Kerze anzünden wollte, dieszutun hastig auf den Dom zugeschossen und dabei vergessen hatte, dass Kobolde zwar viele tolle Sachen machen können, aber nicht durch geschlossene Türen gehen! Patzpaddautz war er gegen das Portal gematscht, hatte sich die Mütze gestoßen, hüpfte nun wie beschrieben umher und prustete: „Der doofe Dom! Aua aber auch! Der doofe, doofe Dom!" Ob ihm denn die Schimpferei helfen würde, fragte ich leicht entsetzt über die antikölnische Wortwahl den kleinen Mann. Schon, irgendwie schon, gab er atemlos zurück. Es wäre schon irgendwie befreiend. Soso. Befreiend. Zwar hatte man keinen meiner Freunde im Stadtpark gegrillt, aber angesäuselt und hoffnungslos war ich auch, daher tat ich es dem Männlein gleich. Allerdings ohne Hüpferei. „Der doofe Dom!", flüsterte ich heimwärtswankend und mir schien, als entließe mich die von mir eigentlich doch so verehrte Kirche nach und nach aus ihrem Kessel ...

Was will uns diese Geschichte nun sagen? Ja, was weiß denn ich!? Ich habe sie bloß erlebt, die Deutung obliegt dem Konsumenten. Vielleicht war ich aber auch nur grottenvoll, bin selbst gegen die Kirche gerannt und kam anschließend auf die Idee zu dem Lied, dessen bloßer Titel einmal böse missverstanden wurde, obwohl das Gesamtwerk lediglich eine weitere Liebeserklärung an die große Kirche mit der schönen Stadt drum herum abgibt. Eines jedoch ist sicher: Es befreit! Wahrlich. Probieren Sie es doch einfach mal aus! Sie müssen das Buch zu diesem Zweck noch nicht einmal beiseitelegen, ich schreib Ihnen den Text einfach auf, Achtung, jetzt kommt er, und schön laut lesen, bitte: „Der doofe Dom!" (Lautlesen einstellen! Ihr Nachbar wird es Ihnen danken!) Spüren Sie schon eine gewisse Befreiung? Nein? Gut, dann lesen Sie bitte leise weiter. Vielleicht hilft Ihnen das nun folgende Lied in Gedichtform, welches ich mir selbsttherapeutisch gewidmet habe, nachdem ich mir scheinbar die Ömme am Dom angehauen hatte, um meine eigene Kölnverliebtheit nicht auszumerzen, das wär ja zu schade drum, aber wieder in geregelte Bahnen zu lenken. Das könnte auch bei Ihnen funktionieren. Vorausgesetzt, Sie gehören zur Zielgruppe. Falls nicht, legen Sie bitte das Buch gut weg, erwerben sich gefälligst umgehend den Intensivkurs „Köln für beginnend Kölnverliebte", welchen ich demnächst vielleicht auf den Markt bringen werde, verlieben sich laut Anleitung hemmungslos in die Stadt, nehmen mein Tagebuch wieder zur Hand und setzen die Lektüre an der mit einem Kreuz markierten Stelle fort, als sei nichts gewesen. X. Vorweg muss ich Sie allerdings auf historischen Druck hin ganz freiwillig warnen:

Achtung! Sehr geehrte Damen und Herren, liebe Leserinnen und Leser, bitte schenken Sie mir weiterhin Ihre Aufmerksamkeit für eine eindringliche Warnung: Der nun folgende Textbeitrag hat in seiner musikalisch unterstützten Form bereits vor seiner Erstveröffentlichung als Tonträger im Mai 2008 zu einer Gesellschaftsspaltung der Kölner Bevölkerung beigetragen und wurde von einer der führenden Kölner Kirchenzeitungen umgehend mit dem Qualitätssiegel Skandal-Hit ausgezeichnet. Bitte beachten Sie, dass der Konsum des dargebotenen Liedguts auch in rein prosaischer Form zu starken Stimmungsschwankungen bis hin zum völligen Orientierungsverlust der kölschen Seele führen kann. Sollten Sie bis jetzt schon einen Scheißtag gehabt haben, legen Sie bitte vor dem Weiterlesen das Buch kurz beiseite, gehen Sie an die frische Stadtluft und schimpfen Sie vor der Tür circa fünf Minuten über das Wetter. Nervlich ungefestigte Personen werden gebeten, sich zumindest beim Lesen die Augen zuzuhalten. Vielen Dank für Ihre Aufmerksamkeit. Und los:

Liebe deine Stadt, so stund et jroß an jeder Huuswand
Un ich hann ming Stadt jeliebt, bahl bes dat ich mich nit mieh uskannt
Fand alles prima, wat in Kölle steiht un jeit un sprink
Un hann at bahl nit mieh jemerkt, dat jeder nur vun Kölle singk ...

Kölsche Siel un kölsches Bloot un Fastelovendsschwüüre
De Haupsach is, et Hätz es joot – ech kunnt et nit mie hüüre
Un do daach ech, leeve Kölsche, unsre Liebe deit mer wieh!
Et es nit alles Kölsch, wat jlänz – ech bruch en Therapie ...
Ne Doktor stund parat, un hä hätt ze mir jesaht:

Saach doch ens der doofe Dom, saach doch ens der Rhing stink
Dummer nit verzälle, dat der janzen Daach
in dingem Hätz et Sünnche schingk, nä!
Drieß doch ens op Kölsch un Flönz, stopp die Schunkelei!
Denn wemmer immer wigger nur an Kölle denk, weed alles einerlei!

Ech moht ens russ, jätt andres sinn – jätt ohne Fluss und Kirch
So fand ech mich am nächsten Tag en der Eifel op enem Birsch ...
Hoch wat wor dat schön, hoch wat wor dat neu – un su wigg von Kölle fott
Mr kunnt der Dom bahl nit mieh sinn – ich daach, ich jonn kapott!

Mie Hätz däht mir esu wieh! Doch ech hat ming Therapie un sang ...
Saach doch ens der doofe Dom, saach doch ens der Rhing stink
Dummer nit verzälle, dat der janzen Daach
in dingem Hätz et Sünnche schingk, nä!
Drieß doch ens op Kölsch un Flönz, stopp die Schunkelei!
Denn wemmer immer wigger nur an Kölle denk, weed alles einerlei!

Dat Singe hätt mer nix jebraht, ich kunnt mech nit belöje
Ich schwang mech op ming Damenrad un däht op heim ahn flege ...
Und als ich dann die Kirche mit den schwarzen Türmen sah
Und den Fluss der Juut und Böse trennt, wor alles wunderbar ...

Herrlich stund der staatse Dom em Sonnesching am Rhing
Ich künnt der nit verzälle, dat mie Hätz nit laach, wenn ich en Kölle bin!
Köbes breng mer Kölsch un Flönz und sing die ahle Krätzje
Dr Herrjott hätt die Ääd janz fein parat jemaat, evver Kölle is et schönste Plätzje ...

Und weed et ens ze vill, dann kennt ihr jo dat Spill, singt!
Saach doch ens der doofe Dom, saach doch ens der Rhing stink
Dummer nit verzälle, dat der janzen Daach
in dingem Hätz et Sünnche schingk, nä!
Drieß doch ens op Kölsch un Flönz, stopp die Schunkelei!
Denn wemmer immer wigger nur an Kölle denk, weed alles einerlei.
Dä!

Kapitel 11

Ein Megastore mit Herz
Oder: Zweimal Kippen mit Sahne

Potzblitz, das Wummern ist weg! Klammheimlich, still und leise hat es sich über Nacht aus dem Schmalz getaut und ist auf Nimmerwiederhören verschwunden. Einfach so. Ganz ohne ergotherapeutische Maßnahmen, indianisch-kontraindikatives Muschelgerassel oder Bachblüten. Ich habe es ganz simpel ignoriert, und es ist beleidigt abgezogen. Es hat sich nicht einmal verabschiedet. Nahezu undankbar, wenn man bedenkt, dass mein linkes Ohr ihm doch schon seit Kapitel 5 ein trautes Heim war. Und ich ihm ein treuer Freund. Ich habe ihm in allen Lebenslagen zugehört. Gut, mein Rat auf all sein fragendes Summen und Brummen war eher ich-orientiert und stets der gleiche: Hau ab! Aber da haut man doch nicht einfach so ab, ohne sich für Kost und Logie erkenntlich zu zeigen! Sei's drum. Es ist weg. Wen kümmert's? Dafür habe ich jetzt Magenknurren. Aber das liegt wohl eher am traditionellen Morgenhunger und nicht an der Tatsache, dass die Organe um ihren Sportsfreund trauern. Hoffentlich! Nicht, dass nachher das Gewummere doch nur statt den Ohrenausgang zu nehmen durch den Rachen abhauen wollte, sich im Dunkeln verirrte und sich jetzt im Magen verkantet hat. Alles schon da gewesen! Da fragen Sie aber mal die Rentner im Wartezimmer Ihres Vertrauens. Die wissen aber Kurioses zu berichten! Und das kostet noch nicht einmal zehn Euro. Nur ein wenig Geduld und ein gutes Immunsystem.
Die Geduld geht mir allerdings gerade abhanden, und mein Immunsystem schürft an der Überlastungsgrenze, denn Magenknurren ist nicht nur tinnital enervierend und abwehrschwächend, sondern auch ein Ansporn zur Nahrungsmittelaufnahme. Einer Fernsehlegende zufolge weiß mein Bauknecht zwar, was Frauen wünschen, hat aber leider nichts davon parat. Und Brötchen wachsen auch nicht an der

Yuccapalme. Somit wäre der frühe Morgen verplant: Es wird gesammelt und gejagt!

Und heute geht das sogar, denn heute zelebriere ich den zweiten freien Wochenanfang der Session. Es ist der 14. Januar 2008, fünf Auftritte, ein kurzweiliges Interview und keinen Frisörtermin, weil Montag. Pah! Da schwooft der Puls und der Blutdruck grinst arrogant von unten auf die 130 – wenn das mal kein freier Tag ist! Weniger Belastung geht fast nur noch am Karfreitag. Und das ist auch gut so, denn da darf keine Wurst aufs Brot, und ohne Tieraufstrich macht die Stulle nicht stark. Aber heute ist Ostermontag und es wird gegessen, was mir vor die Flinte kommt. Hallali, die Sau ist tot! Tot, zerlegt, gewürzt und in verzehrfertigen Häppchen in „Aunt Emelie's Everlasting Megastore" zur Begutachtung durch den Tierverwerter freigegeben. Und einer der Letztgenannten bin ich. Ebenso wie alle anderen fleischverarbeitenden Ein-Personen-Betriebe, die, bereinigt um die Zahl der Vegetarier, Veganer und Vulkanier (die übrigens meines Erachtens durch ihr sauerbratenverweigerndes Ernährungsverhalten enorm zur explosionsartigen Ausbreitung von wirtschaftlich unrentablen Gnadenhöfen und einer unsportlichen Überpopulation von Golfplatzhasen beitragen), im Grunde genommen die Gesamtbevölkerung Kölns ausmachen. Einer der Erstgenannten ist mein Büdchen, wobei zu bemerken sei, dass meine anglophile Umschreibung „Aunt Emelie's Everlasting Megastore" von der ursprünglich unhippen Bezeichnung „Tante-Emma-Laden" inspiriert wurde. Aber ohne Englisch geht es ja heute scheinbar nicht mehr. Und deshalb schnüre ich mir jetzt meine Sneaker, stülpe mir meinen hooded Sweater über, style mir mein Base-Cap auf die Ömme, pfeif angewidert auf sämtliche Anglizismen und groove ganz gechilled zum Büdchen! Denn da heißt „Kaugummi" noch „Kaugummi" und „Zum Mitnehmen" noch „Zum Mitnehmen"!

Na ja, gut, das uns alle seit Jahrzehnten überraschende Schokoladenei heißt zwar auch bei Emma mittlerweile „KinderJoy", aber ein Ei macht noch lange keine Revolution und der angestrebte Kompromiss „Kinder-Egg" war phonetisch einfach zu verwirrend. „Kinder-Eck – die Kneipe für den minderjährigen Kölschfreund"? Das geht nun wirklich nicht!

In diesem Einzelfall ignorieren wir einfach mal, was draufsteht, und bestellen konsequent ein Überraschungsei. Die kölsche Lösung. Man bekommt, was man will, und hat sein Gesicht gewahrt! Traditionalistische Ignoranz! Alaaf! Ändern kann man's ja eh nicht, oder soll sich die gute alte Tante mit einem Pappschild vor die Konzernzentrale ketten und mit ihrer piepsigen Fistelstimme „Auch Freiheit wird mit Ei geschrieben!" skandieren? Nein, dann käme die Oma nur flugs in die Klapse und die Bude wäre dicht! Wo soll ich denn dann hin? Mein Konsumverhalten ist schließlich geprägt von der schlichten Überschaubarkeit einer familiär geführten urbanen Filiale eines regional verwurzelten Warenhandels. Da komme ich klar. Alles andere macht mich hibbelig. Ich brauche keine Megastores oder Hypermärkte, ich will nicht auf dem Weg zur Kasse zweimal die Reifen am Einkaufswagen wechseln müssen, ich möchte nicht in Gang 44 von einer verkaufspsychologisch durchgedachten Ding-Dong-Ansage erfasst und in Gang 125 gescheucht werden, um dort angekommen festzustellen, dass ich gar keine Damenbinden mit Erdbeergeschmack brauche! Ich brauche Brot, Butter und Käse. Und eine neue Klinge für meinen Nasenhaartrimmer, hätte ich beinahe vergessen. Aber dafür mag ich nicht von einem „Personal Shopping Scout" auf einer sorgsam geplanten Bollerwagen-Safari durch einen kulinarischen Vergnügungspark mit eingestreuten Non-Food-Sequenzen geschubst werden. Erstens habe ich dafür keine Zeit, zweitens kein Geld, drittens nicht das nötige Selbstbewusstsein, um dem Kauf von hinterlistigen Impulswaren zu widerstehen, viertens kaufe ich lieber alleine ein und fünftens habe ich vergessen! Nachher verlangt der mich betreuende Einkaufsberater als Belohnung noch ein KinderJoy. Dann steh ich aber blöd da. Weil ich das nicht aussprechen will. Aber alleine finde ich das nicht. Vielleicht hat es ja auch schon wieder einen neuen Namen?! Heißt Raider eigentlich noch Twix? Ich persönlich hatte ja damals „Schoko-Karamel-Doppelkeks-Stäbchen" vorgeschlagen, konnte aber den Einwand der Riegelmacher nachvollziehen: „Bis man das Ding korrekt bestellt hat, ist es abgelaufen!" Die sind schon nicht blöd, diese industriellen Leckerbäcker. Die wissen, wo's langgeht. BAföG sei Dank!

Ich weiß allerdings auch, wo's jetzt langgeht, ganz ohne Studienfinanzierung, treppab, links, dann hundert Meter kopfnach und herzlich willkommen!, schon erblicke ich den Harleymann, der quasi als lebendige Leuchtreklame neben seinem Moped vor der Stube hockt, nett schaut und zum Verweilen einlädt. Da ist es: mein Büdchen! Also, es gehört nicht wirklich mir. Aber da keiner wirklich weiß, wie die Bude eigentlich heißt und namenlose Lokalitäten generell als unbesessen gelten, beanspruchen der Kölner und ich diese erst einmal jeweils für sich. Im Regelfall hat somit jedes einzelne Büdchen mindestens 458 Besitzer ohne Anrecht auf Umsatzbeteiligung und Dividende. Aber auch wenn das ehrenhalber adoptierte Unternehmen dem Kollektiv der Kunden rein finanziell keinen wahren Vorteil bietet – abgesehen einmal von der Lakritzschnecke, die es ab und an bei einem Einkauf über 7,50 Euro aus dem Glas für lau dazu gibt –, so lässt in bedürfnisbefriedigender Hinsicht diese geniale Mischung aus Egg-Kneipe, Kulturen-Café, Münz-Internetzugang, klassischem Kaufladen und psychotherapeutischer Einrichtung dem egomanen Stadtneurotiker auf 35 Quadratmetern wirklich keinen Wunsch unerfüllt! Tante Emma ihr sein Eckhaus gewordenes Denkmal besticht nämlich nicht nur durch sein familiäres Flair, sondern auch durch eine logistische Brillanz, die selbst den Konsumpsychologen der überdimensionierten Filialtempel noch das Staunen auf das abgeklärte Antlitz zaubern könnte! Aber die gehen da ja nicht rein ...

„Habt ihr Suppe?" – „Ja, da links!"

Bitte sehr. So muss das sein! Keine unnötigen Spezifizierungsversuche, keine übersteigerte Beratungsnotwendigkeit, klare, eindeutig ergebnisorientierte Gesprächsführung ohne Ding-Dong und sonstige Hinweise auf mögliche Zusatzkäufe wie Suppenteller, Maggi oder Löffel: Die Suppe steht links! Und weil es hiervon, wie eben von allen anderen feilgebotenen Waren des täglichen Bedarfs, nur eine Variante gibt, entfällt auch die lästige Zeit der Entscheidungsfindung. Denn im Gegensatz zum dekadenten Konsumpuff auf der grünen Wiese, in dem schon die genau umrissene Aufgabenstellung „Lauchsuppe" durch das Vorhandensein von mindestens 35 pulverisierten Arten in Tüten, 23 eingedosten Sorten und 17 Kochbüchern zum Thema mit beigefügten Einkaufslaufzetteln in Form von Marktlandkarten den wankelmütigen Samstagskäufer in den fastigen Hungertod treibt, gilt im Büdchen an der Ecke noch der

Leitsatz „Es wird gegessen, was im Regal steht! Und zwar genau das!".
Einzelhandel in Reinform!

„Würstchen?" „Neben der Suppe!"

Jaha! So macht Einkaufen noch Spaß! Und ich freue mich gerade schon riesig darauf, von meiner globalgepiercten und mit Nadeln bunt bemalten Warenbeauftragten – deren offen zur Schau gestellte und dabei hübsch zu betrachtende Körperkunst scheinbar Einstellungsvoraussetzung war – in einer Minute dreißig meinen Halbtagesbedarf an Nahrungs- und Genussmitteln gedeckt zu bekommen. „Kraftkauf" nenne ich das. Klingt zwar ziemlich gaga, aber „Powershopping" ist mir zu englisch und man sollte die latente Gefahr, die von KinderJoy ausgeht, besser doch nicht unterschätzen! Heute brauche ich Brot, Butter und Käse. Da muss ich noch nicht einmal fragen, denn die Kombination Käsebrot findet sich im nach dem Tagesverlauf geordneten Regal auf dem halben Meter „Guten Morgen!" in einer logischen Reihe gleich neben der Zahnbürste, dem Mundwasser und dem Ei. Klingen für den Nasenhaartrimmer allerdings gibt's bei Tante Emma leider nicht. Da muss ich wohl für nach Onkel Emma sein Laden. Oder ich mach Zöpfchen. Heißwachs wäre auch eine Möglichkeit. Den hat Emma nämlich! Und zwar auf den zwanzig Regalzentimetern „Zwischenmenschliches & Körperpflege", die den Abschnitt „Guten Morgen!" thematisch auf das vom mittäglichen „Mahlzeit-Block" mit Fertiggericht und Tafelwasser angekündigte „Feierabend-Eck" mit Büchsenbier und Bratwurst vorzubereiten scheinen, direkt neben dem Tampon und dem Kondom! Obwohl mir da der Kombinationsgedanke nicht wirklich einleuchtend erscheint. Aber ich will ja nicht undankbar sein und halte einfach mal den Mund.

Genug gebucht. Jetzt aber loslos, Herr Metzger! Lass endlich den Budenzauber beginnen, sonst fängt dein Knurrmagen nachher noch an zu bellen und Ohrenklaus zeigt dich wegen unerlaubter Belltierhaltung bei der Bürgerwehr an! Darauf steht drei Tage Speicher bei Wasser und Brot. Hm. Na ja. Wenn die noch Käse und Butter drauflegen, wäre das fast wie Urlaub. Ach herrje, erst macht mich das Wummern fast bekloppt und jetzt der Hunger! Was kommt als Nächstes? Heuschnupfen? Mal präventiv nachsehen, ob Emma was dagegen hat. Dann Brot, Butter und Käse und vielleicht noch schnell ein Tütchen Ahoi-Brause zum Gehen, wie der anglophobe Nippeser sich um die Formulierung „to go" windet, und geschwind wieder ab nach Hause! Denn heute ist frei! Und da gibt es schließlich viel zu tun! In diesem Sinne: Ehre den Buden, Ignoranz den Palästen und Käse den Kerkern! Weltfriede wäre auch noch so ein Wunsch. Aber eins nach dem anderen! Guten Tag.

PS: Sag mal, weißt du eigentlich, was du mit deiner blöden Neonlichtprotzerei angerichtet hast? Ja, dich meine ich, du hinterlistiges Laptop! Im Fenster stehen und glänzen! Pah! Das ganze Marktbiotop der Neusser Straße hast du mit deiner optischen Angeberei zum Kippen gebracht! Da brauchst du gar nicht so scheinheilig mit der Platte zu rattern! Du kannst dir schon selbst ausrechnen, was ich meine! Ach, hör doch bitte auf, mir jetzt einen Virus vorzuspielen, du Hightech-Hypochonder! Das langweilt mich. Und ein Stück weit beunruhigt es mich auch, aber es ändert nichts an der Tatsache, dass du und deine binäre Bande durch anthrazitfarbenes Aufsehenerregen die Nachfrage nach Männertagebüchern dermaßen angeschoben hast, dass der jetzt wohlhabende Internet-Inder die Papeterie Schmölzgen geschluckt hat, weil Fräulein Annika im direkten Vergleich einfach zu wenig indische Pappe an den Mann bringen konnte! Und die steht jetzt im Büdchen und macht für fünfzig Pfennig Himbeere! Zum Glück hat sie an den richtigen Stellen Metall und somit die Einstellungsvoraussetzungen glänzend erfüllt, aber das ist doch keine Karriere im papiervertreibenden Sinn! Da könnte ich mich glatt drüber aufregen! Und das tue ich jetzt auch! Ich habe ja schließlich frei! Ich koche förmlich vor Wut. Und nächsten Montag koche ich auch, und zwar für sie! Ich habe sie nämlich zum Essen eingeladen, so quasi als Entschuldigung für meinen Beitrag zu ihrem arbeitsplatztechnischen Untergang. Dann gehst du in den Schrank, machst das Licht aus und hälst den Ball flach, sonst geht es aber ohne Socken ins Bett! Hui, was bin ich erregt – ich glaube fast, es wummert wieder! Aber das könnte jetzt auch von Harleymanns Mopedmotor sein, da will ich mich nicht festlegen müssen. So. Und jetzt reise ich zum Gürzenich und blaff die erste Reihe an. Dann geht's mir hoffentlich wieder besser. Die Welt ist so furchtbar ungerecht ...

Kapitel 12

Postsessionales Multijobbing
Oder: Der Aufstieg und Fall von Metzgermeister Anton Freese

Anton Freese:
„Ick jeb et gleich mal zu: Ja! Ick hab en Ei als Nase!"

Tragen Sie Ihr Kostüm eigentlich auch privat?

Es sind Fragen wie diese, liebes Klapptop, die mir die dringende Notwendigkeit der Veröffentlichung meiner Aufzeichnungen immer deutlicher vor Augen däuen und die Idee der Einführung eines verfallsentschleunigenden Weinschorlezwangs in ein nachvollziehbares Licht rücken! Ja, was denkt denn der gemeine Jeck eigentlich, wie es bei mir zu Hause zugeht? Im Flur wibbeln die Wachoffiziere, im Büro locht die Metro Konfetti, auf dem Balkon bläst eine Blaskapelle mit dem Wind um die Wette, ins Badezimmer lass ich keinen rein, im begehbaren Kleiderschrank näht Schneider Wibbel rund um den Tag karierte Kostüme, in der Küche buttert Horst Lichter Erbsensuppe in die Sahne, in der Abstellkammer träumt der Präsident von früher, im Wohnzimmer erzähle ich den nölenden Nachbarn bunt gewandet billige Witze und im Schlafzimmer cheeren die Leader? Oder was? Nenene! So nicht! Wer soll denn bei dem Krach entspannen? Da schmeiß ich doch mal kurzerhand alle raus und widme mich der Aufklärung, denn die war nicht nur im Frankreich des späten 16. Jahrhunderts und in meiner Pubertät bitternötig, sondern bedarf auch einer umgehenden Renaissance zur Vermeidung von Fehleinschätzungen über das feierabendliche Privatleben eines Büttenredners. Unwissenheit schießt scharf und kann in den Köpfen der falschen Leute zu grob fahrlässigen Gerüchten führen, daher sei sie im Folgenden zumindest ein Stück weit entschärft. Themenbereich 1) Der Feierabend: Ist kurz und lässt somit eine umfassende Darstellung meines privaten Seins an dieser Stelle nicht zu, daher zunächst einmal die Top 3 der mir am häufigsten gestellten Fragen in Form eines nachgestellten Er-Ich-Interviews. Dann wissen Sie, bislang noch unwissender Leser, wenigstens schon einmal grundlegend Bescheid und können, sollten wir uns irgendwann einmal in einer sanitären Anlage begegnen, mit Fug und Recht behaupten, den Karierten „gut zu kennen". Für die beziehungserweiternden Behauptungen „sehr gut kennen" und „guter Freund" sollten wir vorher allerdings einmal länger miteinander telefonieren. Aber Achtung jetzt! Es klärt auf:

Er: Sagen Sie mal, Herr Metzger, ist der Name Metzger eigentlich ein Künstlername? Ich: Ja. Ganz klar. Mein Geburtsname war Wurstfachverkäufer. Den habe ich aber dann ändern lassen. Meine Frau ist Vegetarierin und kam mit Metzger einfach viel besser zurecht. Lächel. Aber mal im Ernst: Ich heiße wirklich Metzger! Nur der Vorname ist ein Künstlername. Nach 35 Jahren ist mir Manfred zu langweilig geworden. Dann kam der Euro und Mark wurde frei! Schnell im Fernsehen ein „C" gekauft, umgebaut und fertig. Nächste Frage, bitte.

Er: Sagen Sie mal, Herr Metzger, „Blötschkopp" heißt ja nach der Definition von Wrede „Dummkopf". Sind Sie mit dieser Rollenbezeichnung wirklich noch zufrieden? Ich: Äußerst gern. Sehr wohl. Sehen Sie mal, ich bezeichne mich ja selbst als Dummkopf! Sie sind einer. Ich könnte theoretisch ganz einfach den Namen wechseln...für Sie sehe ich da größere Probleme. Aber mal im Ernst: Ja, bin ich. Noch. Tauschen Sie im nächsten Jahr einfach diese Antwort gegen „Nein, bin ich nicht" aus und Sie können den Artikel erneut abdrucken. Nächste Frage, bitte.

Er: Sagen Sie mal, Herr Metzger, kann man von dem, was Sie tun, eigentlich leben? Ich: Nein, neinein! Auf gar keinen Fall. Wo denken Sie hin? Das sehen Sie doch. Im Grunde genommen bin ich schon längst verstorben. Ich laufe hier nur noch rum, weil das Kostüm keiner haben will...Aber mal im Ernst. Natürlich kann man davon leben, man muss halt flexibel sein und bleiben. Postsessionales Multijobbing ist hier das Stichwort! Am Aschermittwoch ist die Session zwar vorbei, aber eine sessionale Arbeitslosigkeit wäre verheerend. Daher geht's am Ascherfreitag sofort ab nach Bayern zum Spargelstechen. Oder nach Woanders zum Erdbeerenpflücken. Das geht zwar mächtig auf den Rücken, aber auch ganz gut ins Portemonnaie. Und wenn dann dort alles gestochen, gepflückt, verpackt, verschickt, angekommen und aufgegessen ist, zieht man weiter nach wo gerade wieder was reif wird. Heute hier, morgen dort! Ernten, völlig ohne Risiko, denn wenn dann im Winter nur noch Arbeit in niederländischen Wassertomaten-Aufpump- und Lackieranlagen zu haben ist, dann hat der Karneval einen schon wieder vom Markt gerettet. Wissen Sie, es gibt doch so viele Jobs! Jobs, die keiner machen will! Da muss man sich knallhart sagen: „Wenn die wirklich keiner machen will...warum soll ich die machen? Dann ist da was faul. Ich bin ja nicht blöd!" Man muss halt die Augen offen halten. Zeitung fleddern, ausgucken, hingehen und nicht immer gleich zugeben, dass man gnadenlos über- oder abgrundtief unterqualifiziert ist. Das geht doch keinen was an. Das will auch keiner wissen! Was zählt, ist einzig und allein der Wille. Und den kann man sich in staatlichen Seminaren antrainieren lassen. Und man bekommt noch Geld dafür. Verrückte Welt. Glauben Sie mir, ich habe schon so viele Jobs gemacht, von denen ich absolut keine Ahnung hatte. Und keiner hat's gemerkt! Jedenfalls nicht in den ersten zwei Stunden...(An dieser Stelle fiel übrigens der müdegetextete Er in einen hundertjährigen Schlaf! Vielleicht lege ich ihn morgen zum Präsidenten in die Abstellkammer...)

Letzten Sommer zum Beispiel habe ich mich als Aushilfsfigurenführer bei den Poppelsdorfer Puppenspielen beworben. Bis auf meine Barbie-Erfahrung aus verwirrten Kindheitstagen hatte ich zwar keinerlei Ahnung vom Mitpuppenspielen – und Poppelsdorf habe ich auch nicht gleich gefunden –, aber ich habe dermaßen Herzblut in meine Rolle gespendet, dass selbst das erfahrene Puppentheaterpublikum mit seinem kritischen Altersschnitt im hohen Bereich unter zehn nichts von meiner Ahnungslosigkeit mitbekam und mich für meine Darstellung bedingungslos liebte. Also, sie sind jedenfalls nicht abgehauen. Nicht alle. Immerhin, zwei sind geblieben! Weil ihre Eltern sie nicht früher holen konnten. Und selbst die haben vor dem Zelt gewartet … ich gebe es ja zu: Es war ein Fiasko! Aber Hinfallen ist keine Schande. Liegenbleiben ist eine Schande! Denn im Liegen verdient man kein Geld – die meisten Menschen jedenfalls nicht – und immer nur Obst abmachen ist auch nicht das Gelbe vom Ei. Gut, zumindest hockt man schon mal. Aber ich möchte aufrecht mein Essen erwerben! Daher mache ich da nächstes Jahr noch mal mit. Ich klebe mir einen Schnäuzer an und hol mir den Job wieder nach Hause! Denn allein der Wille zählt …

Für meine das Püppchentheater revolutionierende Rolle habe ich mich ausgiebig mit den Auswirkungen meines Names auf mein bisheriges Seelenleben auseinandergesetzt und einen Einakter daraus entwickelt, der mir unter Garantie einen Zweijahresvertrag mit interessanten Sozialleistungen einbringen wird! Und Karneval ist frei. Da habe ich zu tun. Keine Debatte. Ich sage hier ab sofort, wo es langgeht! Und es geht weder nach Bayern noch nach Polen, es geht auf direktem Wege nach Las Vegas! Und zwar nicht zum Kaktusmilchmelken! Den kleinen Umweg über Poppelsdorf nehme ich dabei allerdings in Kauf. Die Show will ja schließlich getestet sein. Da sind mir die Kritischsten gerade kritisch genug! Qualitätsmanagement der masochistischen Art. Alles für die Kunst und frisches Obst. Weil mir Ihre Meinung, innig verehrte Leserin, ebenfalls von entschlussfindender Bedeutung ist, gebe ich hier mein Verbalkapital vorab schon einmal zu Ihrer persönlichen Wertfindung preis. Ich muss wahnsinnig sein, pures Gold so unters Volk zu jubeln … aber was soll's! Mein wahres Gold ist ein jubelndes Volk! (Womit an dieser Stelle die Grenze zur Schleimerei fast überschritten

wäre. Gerade noch mal gut gegangen. Puh!) Daher nun, exklusiv für Sie, Metzgermeister Anton Freese in: Das Leben kann ganz schön grausam sein!
Viel Vergnügen!

(Um den autobiographischen Charakter des Monologs aus persönlichen Gründen ein wenig zu verschleiern, bediene ich mich in sprachlicher Hinsicht des Berliner Dialekts. Diesen beherrsche ich aber leider bis auf ein oder zwei mickrige Wörtchen nicht im Geringsten. Ich hoffe, Sie tun das. Dann liest es sich einfach authentischer. Falls nicht, heiraten Sie bitte in Las Vegas einen Berliner oder wahlweise eine Berlinerin, legen in der Hochzeitsnacht den Text aufs Kissen und warten gespannt darauf, dass der Ehepartner Ihnen diesen in seiner ureigenen Mundart zur guten Nacht widmet. Sollte Ihnen das jetzt einen Tick zu aufwendig erscheinen, lesen Sie einfach drauflos. Aber es ist nicht das Gleiche, das kann ich Ihnen versichern!)

„Juten Abend! Mein Name is Freese, Anton Freese, und ick bin Metzjermeister aus Berlin. Zurzeit arbeite ick inne Knastküche vonne JVA Ossendorf. Da wohne ick ooch. Also nich inne Küche, ick meine im Knast. Und bevor hier irjendwelche Jerüchte uffkommen ... ick jeb et gleichmal zu: Ja! Ick hab en Ei als Nase. Det war nich immer einfach inne Kindheit, mit'n Ei als Nase. Wenn ick inne Pause uff'm Schulhof eins vor die Fresse jekricht hab, dann nannten die det alle Eierpunsch! Und wenn ick denn Nasenbluten jekricht hab, denn kam keiner mit'n Taschentuch, nee, die hamm bloß ne Pfanne jeholt! Kinder können janz schön jrausam sein ...

Und da hab' ick da auf'n Schulhof jestanden und jedacht: „Dafür werdet ihr bluten!" Gut, bei den Mädels hat sich det janz von alleine jeregelt. Und für'n Rest bin ick dann Metzjer jeworden. Und det war nich immer einfach als Metzjer, mit'n Ei als Nase! Ick werd nie verjessen, wie ick mein erstes Huhn schlachten sollte. Auhauahauaha! Det Hühnchen hat mich aber anjeguckt, als wollt et sagen: „Eh, du hast mein Kind im Jesicht!" Auch Hühner können janz schön jrausam sein ...

Na ja, irjendwann hab ick mir jesacht, Freese, hab ick mir jesacht, janz Berlin is eine Wolke, aber regnen tut's nur da, wo du grade stehst ... det kann nich nur an det Nasenei liejen! Und dann hab ick et allen jezeicht: Ick bin janz jroß rausjekommen in der Fernsehfleischwerbung!
Vielleicht kennt ihr ja noch meinen ersten Kracher:

Wie macht die Kuh? Muh!
Wie macht das Schaf? Mäh!
Und wie macht das Würstchen?
Meica macht das Würstchen!

Auhauhauaha! Da hab ick mich aber doof und dusselich mit verdient! Mit dem Jeld hab ick dann erst mal Urlaub auf dem Wiesenhof jemacht ... da hab ick dann aus Langeweile mal eben den Bruzzler erfunden. Und dann wusste ick gar nicht mehr, wohin mit die janze Kohle ...

Aber irjendwann jing et dann wieder bergab! Det fing an mit der Erfindung von die Mortadella-Jeflügel-Jesichtswurst. Die war leider jenauso überflüssig wie Küchenkrepp mit lustige Motive. Und die Nase von det Bärchen sah irjendwie aus wie'n Ei. Kinder können janz schön jrausam sein ...

Ick hab denn irjendwann nur noch jesoffen. Eierlikör, versteht sich. Und denn kam der Tag, wo ick auf dieses scheiß Rügenwalder Mühlenfest jejangen bin!
Ick weiß heute nicht mal mehr jenau, warum, aber irjendwann hab ick da diese blöde Teewurstschwuchtel mit ner Pommerschen Landwurst vom Pferd jehauen! Auhauahauaha! Wat war der sauer! Hat er mir erst mal 'n Pfeil in den Arsch jeschossen und jesacht: „Hey, Schinkenspicker! Greif dir ne Salami und stell dich dem Zweikampf!" Da hab ick ihn bloß jefragt: „Weißt du, wo du dir deine Salami hinstecken kannst?" Un da hatter jesacht: „Nö." Und da hab ick ihm det jezeigt ... Zwei Jahre ohne Bewährung wejen sexuelle Belästijung mit Lebensmittel! Un det mit'n Ei als Nase ... Mitinsassen können janz schön jrausam sein!

In Rahmen von meiner Wiedereinjliederung haben se mich dann als Manegendepp in Zirkus Amaretto jesteckt. Na, det war ne Mannschaft: Ein Berliner und zwanzig Pakistanis...da bin ick mit meine Nase jarnich aufjefallen. Höhepunkt von dem Projramm war David Copperfeld mit seine magische Säje. Hab ick mir jedacht, det kuckste dir mal an! Da muss ich denn wohl irjendwo falsch abjebogen sein und stand plötzlich mitten in der Manege. Als der Copperfeld mich mit meine Eiernase jesehn hat, isser irjendwie aus dem Konzept jekommen. „Simsala" hat er noch rausjekricht und dann hat er sich in die Säge verfangen. Na, det war vielleicht ne Sauerei. Ick jehe gerade noch in Deckung, da schießt der Copperfeld wie Luzie mit sein Sägeblatt aus dem Zelt, macht ne scharfe Biegung und schreddert unkontrolliert über die Rheinuferstraße.

Und seit dem ist da ne Baustelle.
Un ick bin dran schuld.
Det Leben kann janz schön grausam sein."

ENDE

Hm. Na ja. Ob das mit dem Dialekt in Vegas wirklich funktionieren könnte? Ich hege da doch leichte Zweifel. Die können ja nicht einfach ganz Berlin wegheiraten, nur um für fünf Minuten den Kasper zu verstehen. Und was würde dann aus Berlin? Der Leerstand wäre maßlos! Neue Bürger müssten geworben, tausende Wohnungen bezugsfertig gemacht werden. Das wiederum würde Arbeitsplätze schaffen und die Karnevalisten wären von der Straße! Och. Gar nicht so blöd. Einen Versuch wäre es doch allemal wert. Vegas, ich komme!!! Oder vielleicht probiere ich es doch erst mal in Poppelsdorf. Oder ich packe im Großmarkt Gemüse aus, um und wieder ein. Es gibt ja so viele Jobs, die keiner machen will. Da sollte man sich besser erst einmal gut informieren. Und bloß nicht überstürzt heiraten! Schon gar keine Berliner, Köln braucht auch dich! In diesem Sinne: Sei aufgeklärt! Zwinker. Gute Nacht...

Kapitel 13

Kasperles Traum
Oder: Lasst Frau Holle gefälligst da raus!

Ja, wie dämlich ist das denn? Warum heißt denn bitte schön ein Schreibblock, egal ob hölzerner oder silikonärer Abstammung, den man fast ausschließlich nachts mit Seelenabfall füttert, warum heißt der denn eigentlich Tagebuch? Da wäre doch Nachtbuch viel näher dran. Obwohl natürlich bei Nachtbuch die Verwechslungsgefahr mit dem oft ähnlich ausgesprochenen Nachtbus bestünde. Und wenn jemand dann meint, davon Wind bekommen zu haben, dass ich einen Nachtbus geschrieben hätte, äußert er in seinem Tagebuch die Vermutung, ich wäre bei zehn zu spät weggelaufen, hätte den Knall abbekommen und sei seitdem nicht mehr ganz gerade im Handeln. Aber das ist mir egal. Soll man doch über mich schreiben, was man über mich zu schreiben gedenkt. Von mir aus im Nachtbus. Ich meide die öffentlichen Verkehrsmittel rund um die Uhr. Da braucht wirklich keiner Angst davor zu haben, mich treffen und sich nachher noch für seine unüberlegten Einträge rechtfertigen zu müssen. Tagsüber habe ich einen Fahrer und nach beidseitigem Feierabend nehme ich mir nachts ganz gerne mal ein Taxi. Das ist ziemlich unverfänglich. Nachttaxi. Klingt nicht die Bohne wie Tagebuch. Da kommt keiner auf wirre Gedanken. Außer mir vielleicht. Und das kam so:

Als ich heute Mittag aus zeitvorrätigen Gründen spontan beschloss, das letzte Stück Anreise zum Auftrittsort per pedes zu absolvieren und dabei ein wenig frischmuffige Stadtluft zu tanken, ahnte ich noch nichts von der fernöstlichen Reisegruppe, die mich unmittelbar zwischen Beschlussfassung und Gangantritt nach dem rechten Weg zum Hänneschen-Theater fragen sollte. Wie denn auch? Da steckt ja keiner drin! Das kommt halt einfach mal vor. Keine Ahnung, warum.

Ahnungslos eingekesselt von den ungeahnten, aber wahren Freunden des mitteleuropäischen Stockpuppentheaters lokaler Prägung und in Unkenntnis über deren seltsame Sprechweise tanzte ich den Suchenden den Weg zum „Häschentata" vor und verbeugte mich höflich, woraufhin die Gruppe der stockpuppengroßen Japaner verständnisvoll lächelte und nett zum Abschied winkend in die falsche Richtung aufbrach. Tja, so ist er halt, der Chinese.

Meinerseits ebenfalls freundlich zum Abschied winkend und hierob abgelenkt rannte ich fies mit dem Kopf gegen eine Fußgängerampel, die da meines Erachtens tags zuvor noch nicht gestanden hatte, setzte wuchtigen Stoßes deren Schaltzentrale auf Alarm und fiel im nächsten Augenblick in einen tausendjährigen Schlaf. Im Hinwegschlummern vernahm ich noch vage die aus der sich ansammelnden Ansammlung von lustig schauenden Schaulustigen hervorgerufenen Forderungen nach Krankenwagen, Ersthelfern und Zugabe, war allerdings mit der mir entgegengebrachten Aufmerksamkeit überfordert und setzte daher meine Kollabierung mit dem Gedanken „Was soll denn der ganze Trubel? Ich bin's doch nur, das Kasperle..." umgehend fort. Im Nirwana angelangt, träumte mir Seltsames. Das kommt wohl davon, wenn man die ganze Nacht tagebooked und daher nur tagsüber zum Träumen kommt. Ich fand mich auf dem Beifahrersessel eines japanischen Kleinwagens wieder, den mein Fahrer im Begriff war, durch einen roten Brecher hindurch zum nächsten Auftrittsort zu lenken. Nun denn, liebes Sandmännchen, habe Anteil an meinem traumhaften Gedankendelirium:

Oh mein Gott! Oh! Mein! Gott! Ochnee! Rote Ampel, böse Ampel. Böse, rote Ampel! Jetzt hör mal zu, du unehelicher Sohn einer Lichtorgel und einer Stehlampe, ich habe schon viele Ampeln in meinem Leben gehabt... aber das mit uns hat keine Zukunft! Grün. Sie werden immer grün, man muss sie an der Ehre packen, dann werden sie grün... jedes Mal dieses Kasperletheater... jetzt fahr doch endlich, es ist grün!

Zu spät, zu spät... wir sind zu spät! Und es macht mich wahnsinnig zu wissen, dass vor der nächsten Halle schon Menschen stehen, die mir entgegenbrüllen werden: *„Du bist zu spät!"* Ach was? Tatsächlich? Ist nicht wahr, oder? Und am liebsten würde ich ihnen dann gepflegt eine aufs Maul hauen, aber ich darf das nicht, denn ich bin ja das Kasperle, und das Kasperle haut nicht aufs Maul, weder gepflegt noch ungepflegt, das Kasperle macht Trullala und dann ein feines Späßchen... *„Du bist zu spät!"* Herrje, die warten schon auf mich...

Schon wieder! Böse Ampel, böseböse... Grün. Grün? Bösegrün? Das ist ein Krokodil! Da brauch ich keinen Joker! Ein bösegrünes Krokodil. Und das Kasperle haut das böse Krokodil, das darf das Kasperle. Wir nehmen ab morgen Mützen mit. Krokodilsmützen. Und wenn wieder einer brüllt: „Du bist zu spät!", bekommt er eine Mütze auf und ist ein Krokodil. Und dann darf das Kasperle ihm gepflegt eine aufs... Nicht schon wieder Rot! Wir haben doch keine Zeit... Kasper muss zur Arbeit, wo sind denn nur Melchior und Balthasar, wenn man sie braucht? Mit dem Stern vorneweg kämen wir viel besser voran! Erster an einer roten Ampel ist nicht wirklich weit vorne...

Räuber Hotzenplotz wird ziemlich böse sein. Seitdem er Präsident ist, versteht er keinen Spaß mehr. Aber er klaut noch genauso viel wie früher. Nur jetzt klaut er Zeit. Zeit! Und zwar meine. In wenigen Minuten stürme ich krokodilignorant in den Saal und könnte pünktlich zum letzten Trullala an der Rampe erscheinen, aber Hotzenplotz wird es wieder nicht zulassen. Er wird reden und reden, er wird in blumigen Worten wie frisch von einer Sommerwiese gepflückt erklären, warum ich zu spät gekommen bin: Es hat Schnee gegeben auf der Inneren Kanalstraße! Ich finde es so gemein, dass er immer wieder Frau Holle mit reinzieht. Und die elf Zwerge im Gestühl nicken unwissend, aber verständnisvoll... wir sind zu spät! Und es ist rot!

Was tu ich hier eigentlich? Ich könnte daheim so gemütlich mit meiner Gretel im Bettchen liegen, mit einer Mütze auf meinem Zipfelchen und... Grün! Juchhe! Es ist wieder grün! Grün wie die Hoffnung, wir haben aufgeholt, es gibt wieder eine Chance, pünktlich bei den Roten Funken zu sein, Rote Funken? Gut, grüne gibt es ja nicht. Also fahr zu, Fuhrmann! Wir sind wieder ganz weit vorne! Flitsch. Zumindest in Flensburg... denn rote Ampelphasen von unter einer Sekunde sind zumeist keine roten Ampelphasen, aber sie tragen enorm zur Punktewertung bei und da sind wir wieder ganz weit vorne! FC, du brauchst Punkte? Dann fahr schneller auf der Zoobrücke!

Und schon wieder grühün! Ruf einer Hotzenplotz an und sag ihm, es taut! Der Frühling kommt und bringt mich mit! Und wenn dann der Chor der „Du bist zu spät"-Rufer in imposanter Pose Luft holt, werde ich ihm stolz entgegentreten und rufen: „Luft anhalten, Jungs, ihr seid zu früh!" Und selbst wenn ich das Krokodil auf ihren Poloshirts entdecken sollte, werde ich mich nicht hinreißen lassen, die Hand zu erheben, denn ich bin das Kasperle und habe für so was keine Zeit!

Aufgewacht bin ich dann übrigens, recht unverständliches Zeug brabbelnd, immer noch an die kaputte Fußgängerampel in der Nähe des Gürzenich geklammert. Ein paar freundliche Japaner auf der Suche nach dem Hänneschen-Theater, die sich scheinbar nach zwei Obergärigen in der Lage fühlten, mein Gesabbel für ihre Sprache zu halten und als Hilferuf zu deuten, waren gerade dabei – selbstverständlich erst, nachdem sie mich für ihre daheimgebliebene Verwandtschaft im Bild festgehalten hatten –, mich mit cirzensischem Geschick vom Pfahl zu knoten. Verwirrt und angegriffen entlieh ich dem zufällig vorfahrenden Prinzen seine Pritsche und drosch, mich verträumt noch für das Kasperle haltend, auf die verdutzten Japaner ein. „Gelb! Es ist gelb, kein Grund zur Panik", vereitelte mein herbeigeeilter Fahrer den unbegründeten Angriff und entspannte die außenpolitische Lage mit einigen höflichsttiefen Verbeugungen. Die Besucher aus dem Land des Lächelns taten dies zum Glück, und der Käse war gegessen. Peinlich berührt – und gleichwohl ob der nicht gerade schmeichelhaften Erinnerungsfotos etwas angefressen – schickte ich entschuldigend die immer noch grinsenden Gäste auf meine Kosten in die Malzmühle, zum „Halbe-Hähnchen-Essen", versteht sich! Rache ist schließlich mittelalter Gouda! Die Fotos von der After-Bestell-Diskussion würde ich nur zu gerne mal sehen! Vielleicht haben sie aber auch gar nicht hingefunden. Ich tanze wirklich nicht sehr ausdrucksstark... Weiß eigentlich jemand, was die alle im Hänneschen wollten? Spielen die da gar mit? Ohne oder mit Stock? Vielleicht sagt mir mal jemand Bescheid. In diesem Sinne: Sei Jonara! Wer immer das auch gewesen sein mag...

Kapitel 14

Nur ein Hauch gute Butter
Oder: Ich mach dir den Horst, du Püppchen!

A

Wir schreiben Montag, den 21. Januar 2008, 8.14 Uhr. Dazu nehmen wir uns am besten neben einem Füllfederhalter auch ein Blatt Papier und beginnen in sütterlinverehrender Weise mit einem großen „M". Jetzt noch in bewährter Art „ontag, den 21. Januar 2008, 8.14 Uhr" und es kann endlich losgehen! Der dritte freie Wochenanfang der Session beschert mir heute lediglich eine karnevalistische Matinee. Das ist meist so eine Art „firmeninternes Kölschtrinken weit vor vier mit schicken Häppchen und konversationshemmender Belustigung". Und Letztere bin heute ich. Nicht gerade ein erbaulicher Gedanke, dem Betriebsrat der Wirsindwiederwer-AG und seinen bundesweiten Gästen als folkloristisches Kanapee zum freiwilligen Verzehr angeboten zu werden, aber wir sind ja schließlich nicht bei Melodien für Millionen und somit wird gegessen, was auf dem echten Silbertablett (Aluminiumbasis!) von einer bauchfreien Schnittchenschubbse an einem vorbeigetragen wird! Kultur ist keine Frage des Geschmacks, Kultur kommt drauf an, wer montags Zeit hat! Und das bin heute wie gesagt ich. Marc, der motzende Metthappen. Präsentiert mit freundlicher Unterstützung von Wurstwaren Wötzel, die darüber hinaus auch noch die laue Gulaschsuppe springen lassen. Herzlichen Dank. Anerkennendes Oho! Tusch, Spendenquittung, Feierabend. Ehre, wem Ehre gebührt! Aber dann huschhusch wieder nach Hause in den Familienbetrieb, fein Schweine würgen, denn ich eile gleich noch vorbei und feilsche ums Filet! Annika kommt heute zum Essen und da lasse ich mich natürlich nicht lumpen! Der hau ich zur Entschuldigung ein laferlichterleckeres Lendchen aufs Geschirr, dass ihr Hören, Sehen und Appetit vergehen!

Ähm, Hunger meinte ich hinten natürlich. Klasse Gericht, das! Einfach, schmackhaft, aber trotzdem mit dem nötigen Pfiff! Ich muss mal dringend zum Kerner. Dem brate ich damit dann dermaßen treffsicher den Apfel vom Kopf, dass er den Schuhbeck zum Brauseverkaufen ins Büdchen versetzt! Oder zum Wötzel an die Basis, aber das kann der ja gar nicht bezahlen. Eigentlich ist das auch nicht meine Absicht. Ich habe schon genug Wirbel auf dem Arbeitsmarkt veranstaltet. Und ich kann ja schließlich nicht entschuldigenderweise für alle kochen! Schon gar nicht für den Schuhbeck, nachher schmeckt's dem und ich lande doch noch beim Kerner. Dann ist der Lichter sauer, weil der Lafer raus ist! Das wird mir hier zu kriminell. Ich muss weg! Sonst wird dem Betriebsrat die Suppe kalt und der Wötzel zahlt nicht. Dann allerdings hätte der Wötzel wieder Geld für den Schuhbeck und ich könnte bei Johannes B. doch noch mein Lendchen grillen... Kann mich bitte mal jemand auf andere Gedanken bringen? Sonst koch ich mich hier fest! Danke, Annika! Genau. Bis später dann, tschüss!

B

Ich schreibe Montag, den 21. Januar 2008, 21.20 Uhr (Ich tue das bewusst alleine, damit Sie nicht schon wieder losrennen müssen, um den Füller zu holen!). Annika, das zu bekochende Pulloverpüppchen, hat vor wenigen Minuten das Gebäude verlassen. Sehr überstürzt und zweifelsohne sehr hungrig. Ein bisschen Wut könnte auch dabei gewesen sein. Von Trauer keine Spur. Gut, die Bluse ist fratze, aber bei H&M, dem Textil-Ikea für hippe Klamotten, hängen sicherlich noch welche rum, und diese Gewissheit macht frau in allen Lagen wieder gute Laune. Aber meinen Kochstolz bekomme ich nicht so einfach vom Discounter ersetzt, den gibt's nicht von der Stange! Der ist maßgeschneidert! War maßgeschneidert. Denn jetzt klebt er mit einem Hauch guter Butter an der Tapete und ranzt vor sich hin: „Du hast versagt, du Küchenknall! Du hast dir einen Stern an den Himmel gekocht, und alles, was so hoch nicht kam, das klebt jetzt an der Decke! Schäm dich und dann mach endlich einen Kochkurs, du Lebensmittelterminator, sonst bleibe ich für immer an der Wand und du darfst lebenslänglich nur noch 50 Zentimeter Eifeler Bauernbratwurst brunchen!" Ein zutiefst erschütternder Gedanke, den mein Stolz mir da auftischt ... denn ich habe immer noch die kleine Pfanne! Na ja, kulinarisch habe ich versagt! Aber fragen Sie mich jetzt bitte nicht, wie um Himmels willen das alles nur passieren konnte ...

Also, zunächst lief die Operation „Entschuldigung aus der Lende" eigentlich sehr planmäßig: Mein Tagebuch hockte verabredungsgemäß im Schrank und hielt sich raus, das Geheimrezept meiner Großmutter – habe ich übrigens aus der Brigitte! – pappte einwandfrei rezitierbar an der Bekachelung, die Zutaten waren nahezu malerisch im Halbkreis um die Feuerstelle aufgebahrt, Gewürze und Getöpf gaben sich auf der Arbeitsplatte ein gut sortiertes Stelldichein und der Stargast, das – tadaah! – wohl magerste Tierstück, das Nippes und meine Namensvettern derzeit zu bieten hatten, der schweinische Teilprotagonist also ... ähm, also, na ja ... der war eben weg!

„Scheiße – wo hab ich denn den blöden Riemen bloß hingeklatscht!?", entfuhr es mir sorgenvoll, und als ob die krächzende Kaufhausdurchsagenmutti von der grünen Wiese mir eine adäquate Antwort liefern wolle, ertönte just in diesem Moment ein hoffnungsschwängerndes „Ding-Dong". Ich nehme an, dass mein Vermieter in eben jenem Kaufhaus auch die Türklingel erworben hat, denn es war diese und keine Durchsageankündigung, deren Geläut mich von der für das zu kochende Gericht entscheidenden Fragestellung ablenkte.

Annika! Eine halbe Stunde zu früh! Na prima! Peinliche Situation. Ich machte noch auf Schürzenmodell, und die blöde Sau liegt noch im Tiefkühler. Na also, es ging doch! Einfach nicht dran denken ... und schon kommt die gewünschte Information beleidigt von selber angeschissen. Jetzt noch rasant den Tiefkühler auf, die Sau raus, den Tiefkühler zu, die Türe auf, die Frau rein und die Türe wieder zu. Und bloß nichts verwechseln! Sonst ist nachher der Gast schockgefrostet und das Mahl taut sich vor der Tür den Frühling. Erklär das mal den Beamten, heißa, das wäre aber ein Spaß!

Jedenfalls im Vergleich zu der duellistischen Situation, die sich mir nach erfolgreicher Türensortierung bot: „Schürzenschorsch und seine Frostlende" – also ich und meine Mahlzeit – versus „Pullipaula und ihr heißes Eisen" – also Annika und ihr Piercing. Ich war da klar im Nachteil. Da Annika aber auch nicht gerade auf der Nudelsuppe angeschwemmt worden war, erkannte sie sofort meine missliche Lage, lächelte höflich, parkte sich wie eine Hauswirtschaftslehrerin auf Fortbildung neben mich an die Herdplatten und begann zu tun, was keine Frau in einer solchen Situation tun sollte: reden! Und schon mal gar nicht in rhetorisch fragender Art...

„Ist die nicht ein wenig zu sehr... geeist?!", klugscheißerte sich das Fräulein über mich lustig.

„Nein, die muss so! Sonst klappt das nicht mit dem Pürieren!", konterte ich mich völlig sinnfrei aus der Affäre und befand mich ohne umzusteigen direkt in der nächsten.

„Pürieren?", hinterfragte mein Gast den zugegeben zu schnell preisgegebenen Plan und erzeugte in meinen Ohren ein Echo, da ich mir dieselbe Frage im Bruchteil einer Sekunde zuvor auch gestellt hatte.

„Das ist neu!", fuhr ich ehrlicherweise fort. „Das kommt aus Grönland und ist da jetzt absolut hipp!", log ich unbedacht weiter. Warum sollte denn ausgerechnet grönländischer Eisschweinaufstrich dem mediumgeneigten Grilleuropäer eine Gaumenfreude bereiten? Sehr gute Frage! Kompliment. Aber ich hatte komplett keine Ahnung! Und in Fällen kompletter Ahnungslosigkeit gibt es nur einen Ausweg: Mit einer auf fundiertes Wissen schließen lassenden Selbstverständlichkeit das heikle Thema durchziehen, bis man entweder aufwacht oder einen die Polizei mit weichgespülter Stimme davon überzeugt, dass das doch alles keinen Sinn hat! Oder eben bis der Gast das Haus verlässt. Weiter, immer noch ich, jetzt aber etwas selbstverständlicher:

„Selbstverständlich ist das Ganze für mediumgeneigte Grilleuropäer wie uns rein geschmacklich betrachtet etwas gewöhnungsbedürftig, aber immer nur Schnitzel mit Kartoffelsalat ist auf die Dauer ja auch nicht das Gelbe vom Ei! Daher lass uns weltoffen der grönländischen Küche Lob und Anerkennung zollen für die Bereicherung unserer Gaumenerfahrung, die Tiefkühldelikatesse samt Beilagen der Moulinette übergeben und hoffen, dass das alles nur ein Traum ist!"

Es war kein Traum. Und es gab kein Zurück mehr. Die Zeit für den ultimativen Küchenfreund, den von mir so geheißenen „Männermixer", schien gekommen. Der „Hyper-Hyper II" mit turbodieselgetriebenem Mahlwerk, achtfach kaltgehämmerten, in Drachenblut gehärteten (so behauptet zumindest die Werbung!) Edelstahlklingen, formschönem, nahezu erotisch anmutendem Polycarbongehäuse, differenziertem „One-Click-Easy-Opening-System" und vernichtend bedienerfreundlichem „One-Touch-Easy-Start-And-Stop-System", der wunschlos beglückende Eisenbahnersatz eines jeden kulinarisch erzogenen Mannes, mein heiß geliebtes Kräuterkarussell – es würde mir die peinliche Schmach einer zwar fraglos unappetitlichen, aber wenigstens nicht unpürierten grönländischen Nationalspeise sicherlich ersparen!

Er hatte mich bis dato noch nie im Stich gelassen und war mir selbst bei der Herstellung von fangfrischem Schweinemett immer ein zuverlässiger Gefährte gewesen. Flugs hämmerte ich seine Nabelschnur an die 16-Ampere-Dose und ergab mich selbstbestimmend meinem Schicksal.

„Sooo...da packen wir jetzt alles rein, was rumsteht und nicht krank macht, obenauf das Fleischeis, dazu noch ein Liter Sahne und ein Kilo gute Butter, Deckel drauf, und – Achtung an der Fahrgerätekante – dann geht es rückwäääärts!", bestimmte ich selbst.

„Ähm, hör mal kurz, du junger Mann zum Mitkochen! Mal ganz abgesehen davon, dass der zu erwartende Matsch – wenn ihn dein Wunderwerkzeug wirklich herstellen kann – mir eh kaum genießbar erscheint...meinst du nicht, deine Buttersahne würde dem Ganzen noch eine unnötig körperverachtende Note geben?", zweifelte die undankbare Göre die Kalorienarmut meines Experiments an.

„Na ja, die einen sagen so, die anderen sagen so, ich halte es diesbezüglich mit meinem guten Freund Horst Lichter*, dem alten Lateiner: ‚Mens sana in corpore sano!' Das heißt großzügig übersetzt: Eine Menge Sahne gehört in einen gesunden Körper! Und Butter ist schließlich dasselbe, nur fester und gelb ... muss also auch mit rein! Da grinst der Mixer doch nur müde, das quirlt der ohne Strom! Daher entzweifle dich, schweige und staune! Denn ich mach dir jetzt den Horst, du Püppchen!", wurde ich in meiner Rolle immer sicherer.

„Ähm ... Glaubst du den Blödsinn, den du da von dir gibst, eigentlich selber?!", misstraute die Budenfee zu Recht dem lückenhaften Latinum meines Phantomfreundes und den technischen Fähigkeiten meines Realgeräts, nahm leichten Schutz hinter der Gardine und harrte meiner überflüssigen Antwort.

„Io credo! Ich würd's mir sogar tätowieren lassen, aber das geht ja nicht mehr ab!", war mir alles egal und ich pushte siegesunsicher und teilwahnsinnig den Easy-Start-Button ... Aber nichts geschah! Kein Mucks, kein Pieps, kein Garnichts. „The best ride in kitchen" verweigerte den Amüsierbetrieb. Wo blieben denn bitte die Bullen, das hatte doch alles keinen Sinn! Um vor der nichtblickdichten Gardine, hinter der sich in Frau Bindestrich-Hülshoffs Gesichtszügen schon die Sprachmuskeln auf das schier unvermeidbare „Ich hab' es ja gewusst!"-Gesülze vorbereiteten, nicht untätig herumzustehen, betätigte ich – nach fachmännischem Durchschütteln des kompletten Geräts – erneut das „One-Touch-Easy-Start-And-Stop-System". Nichts. Noch mal. Immer noch nichts. Dann das „One-Click-Easy-Opening-System". Aber mal überhaupt nichts! Doch kurz bevor ich, um der Situation eigenmächtig und endgültig die abstruse Krone aufzusetzen, Frau Ado hinter ihrer Gardine dazu auffordern wollte, in der Zwischenzeit doch schon mal die Fenster zu putzen, vernahm ich – vermutlich als Reaktion meiner Attacke auf das „One-Click-Easy-Opening-System" – ein süßes Summen. Gelobt sei es, getrommelt und gepfiffen – es lebte! Die Maschine ließ mich nicht im Stich! Pfeilschnell touchierte ich die Schaltfläche des „One-Touch-Easy-Start-And-Stop-System" und siehe da! Hurra! Der Mixer mixte, was der Mixer zu mixen imstande war! Mit einer

---

* „Guter Freund", siehe bitte unbedingt Kapitel 7, „Komiker Inkognito, Oder: Ein wirklich guter Freund!" Damit Sie da bloß nichts in den falschen Hals bekommen ...

offenkundigen Leidenschaft, die selbst Frau ... ähm, Dingens aus der Gardine zwang, mixte er, was das Zeug hielt!

Leider mixte er das Zeug aber auch leidenschaftlich mit offenkundiger Haube, denn das „One-Click-Easy-Opening-System" war anscheinend sehr arbeitseifrig und hatte seinen Dienst zur Ausschmückung der Personalakte bereits kurz vor dem „One-Touch-Easy-Start-And-Stop-System" begonnen. Meines Erachtens haben alle beide zu spät angefangen, schließlich war schon seit Minuten der Stecker drin und das Mixgut geladen! Trotzdem, schon erstaunlich, was 2500 Watt auf Klinge mit ein paar sahnemarinierten Fleisch- und gut gebutterten Obstwaren alles so anstellen. Und wo sie sie überall hinschleudern, wenn sie damit angestellt haben, was einem der Hersteller verspricht, wenn man die Maschine anstellt ... ich sage nur: Das Jüngste Gericht stelle ich mir im direkten Vergleich etwas bekömmlicher vor!

Annika, das zu bekochende Pulloverpüppchen, hat vor wenigen Minuten das Gebäude verlassen. Ich glaube, ich sollte mich irgendwie bei ihr für diese Entschuldigung entschuldigen. Wenn ich mit Renovieren fertig bin. Vielleicht schenk ich ihr den Schuhbeck. Oder ich widme ihr ein Lied. Oder aber ich kündige mein Abo bei der Brigitte und erweitere von der Ersparnis das Büdchen um ein ungekühltes Regal mit Fertiggerichten ... Das summende Geräusch stammte übrigens vom Vibrator meines Handys. Meine herzallerliebste Lebensabschnittsgefährtin, derzeit auf einer Schlemmerreise mit Kochkurs in der Provence, wollte auf der Mailbox wissen, wie es denn so läuft und ob Frau Rebhuhn-Hühnerhof mein Essen denn auch schmeckt. Ach, und sie hätte hier in einer Profiküche meinen Mixer gesehen – den müsste man ja tatsächlich nach dem Anschließen erst mal ein paar Minuten aufladen – sonst täte der ja wirklich gar nichts ... Ich werde ihr alles berichten, sobald man die Küche wieder als solche erkennen kann. Aber zuerst fahr ich mal kurz zu Wötzels, vielleicht haben die ja noch einen Klecks Gulasch von heute Mittag. Im Henkelmann. Ich esse nämlich nur ungern von der Wand. In diesem Sinne: Esst auswärts, spart Farbe! Bis demnächst. Vielleicht Montag, da habe ich wieder frei ...

Kapitel 15

Die rheinisch-verzweifelten Karl-May-Festspiele
Oder: Raucht irgendwer von Ihnen eigentlich Friedenspfeife?

„Das elfte Gebot? Du sollst nicht schellen!"

Hugh! (Gesprochen: Hau! Bitte keinesfalls als Aufforderung zum Handeln verstehen!) Manitu Metzger begrüßt die pappnasigen Bleichgesichter mit dem mitternächtlichen Klagegesang eines Büttenredners, der sich in den schier endlosen Weiten der Sartory-Reservate der schier unbezwingbaren Energie einer Damensitzung aussetzen musste ...

„Weiber, o weia, Weiber, weit und breit nur Weiber, o weia, Weiber!
Weiber, o weia, Weiber, überall nur Weiber, o weia, Weiber!
Heyda, heyhey da! Hier steht ein Rehedner! Nu' kuck' ma!
Heyda, heyhey da! Hier steht ein Rehedner! Hugh!"

Liebe Tagebuchungsprüfer, liebes Rundumdieuhrbuch, liebe Brüder und Schwestern vom Stamme der Schönschonen! Kaum, dass das Antlitz des Mondes das der Sonne über den erhabenen Hügeln der sieben Berge abgelöst und in den heiß ersehnten Feierabend geschickt hat, und kaum, dass die Wölfe in der nahen Ferne ob der Sehnsucht nach ihren verspäteten Weibchen das Heulen kriegen, kaum also, dass die feudalen Feiern der Nötschtotschis und Aberhatschis wieder einmal wenig ruhmreich ihr Ende an den kölnischen Duft- und Feuerwasserstellen finden, kaum eben, dass... ähm. Also... Na ja, was ich eigentlich sagen will ist, dass gerade eben die mittwöchigen Mädchensitzungen zu Ende gegangen sind und ich mal wieder frustriert im Kappes hocke. Hau! (Und das ist jetzt annähernd eine Aufforderung! Aber nur annähernd, denn man haut keine Mädchen. Siehe auch Benimmregel Nummer 8 aus dem Kindergartenknigge.) Man darf, so habe ich gelernt, man darf nie alle über einen Kamm scheren, schon gar nicht die Mädchen, denn von denen hat jede einzelne einen Frisör ihres eigenen Vertrauens und kein Fremdkamm darf ihr an den Skalp, aber trotzdem bin ich versucht, karnevalistische Veranstaltungen mit der klar definierten Zielgruppe „Frauen" als die Feuerprobe eines jeden verbal Humorschaffenden zu bezeichnen. Natürlich kann man auf besagten Programmen Punkte sammeln. Allerdings nur als Kindertanzgruppe, Solotrompeter, Nummernboy oder Brings. Als Redner kommst du da nur mit Rauchzeichen durch, denn Zuhören geht nur am Telefon, und das darfst du im Saal nicht benutzen. Benutzen darfst du hingegen Schellenkränze, Glöckchen, Rasseln, Ratschen und scheinbar auch alles andere, was frau auch ohne musikalische Grundausbildung dazu benutzen kann, um auf sich aufmerksam zu machen. Wozu dieses Gewerbe, so frage ich mich, es sind doch eh nur Frauen im Saal! Eine ganze Menge sogar. Und die kann man von der Bühne aus auch ohne apokalyptisches Geschepper ziemlich einfach entdecken. Da würde ein zaghaftes Winken allemal zur Kontaktaufnahme reichen, oder einfach die Handynummer aufnotiert und dem Literaten mit der Bitte um Übergabe zugesteckt, fertig! Aber die Mobiltelefonadresse kann ja heutzutage keiner mehr auswendig und Anmachen ist unter Ausschlussandrohung verboten, bleibt also scheinbar doch nur die rasselgestützte Trommeltelefonie. Und für die habe ich keinen Decoder. Außerdem sind wir ja auch nicht bei der

Jungesellenversteigerung im Rösrather Möbelzentrum, sondern auf einer gepflegten Frauensause im Gürzenich zu Köln. Das Programm ist bezahlt und steht nicht zum Verkauf. Keine Diskussion. Ruhe, bitte!

Auf der letzten Sitzung des bis dato erfolgreichen Tages jedenfalls hatte ich das zweifelhafte Vergnügen, an den bühnennächsten Tischen einen kompletten Bus Sauerland-Apachen zu erspähen, die scheinbar der Meinung waren, dass ohne die arhythmische Unterrasselung ihrerseits eine erfolgreiche Durchführung der ihnen dargebotenen Nummern nicht möglich wäre. Neben dem kompletten Orff'schen Instrumentarium, einigen Basströmmelchen und Tröten – deren einziges Ausgangssignal dem Schreckensschrei einer versehentlich getretenen Katze sehr nahe kam – hatte die Häuptlingsfrau des Gaststammes noch ein Ding am Start, das trotz seiner verharmlosenden Schönheit durchaus verheerende Treffer auf dem Amboss landen ließ. In ihrer Hand befand sich eine angestockte Mischung aus Trommeln, Tamburinen, Glöckchen, Schellenkränzen und bunten Bändern (wobei Letztere nur unwesentlich zur akustischen Effizienz des Kampfschwertes beitrugen), die es lediglich durch die verharmlosende Bezeichnung „Schellenbaum" nicht auf die Liste der illegalen Waffen geschafft hat. Und eben dieses Ding setzte sie schamlos gegen mich ein!

Der Erfinder dieser Verarschung eines Musikinstruments – vermutlich ein Herr Schellen oder ein Herr Baum, falls Sie geneigt sind nachzuschlagen – muss doch unbestritten taub gewesen sein! Sollte dies doch jemand bestreiten, dann gehen wir einfach davon aus, dass er zunächst nicht taub war, während der Erprobung des Instrumentes aber taub geworden ist. Das hat er nun davon. Oder, sollte die Streiterei auch hier noch kein Ende gefunden haben, er hatte mit Musik überhaupt nichts am Gehör, sondern war ein Spezialist für psychologische Gegenrednerstörung bei der Bundesverwehrung, die sich nun sehr verspätet dafür revangieren möchte, dass ich damals den Dienst am Waffelstand aus Gründen der vorgetäuschten Fettleibigkeit verweigern wollte. Ach, was soll denn der ganze Aufstand? Hätten die damals in ihrem Pensionat nicht alle so rumgebrüllt, dann wäre ich auch geblieben und hätte für mein Leben Schrankaufräumen und Bettenmachen gelernt.

Aber wer schreit, hat Unrecht! Und wer Unrecht hat, bringt mir bitte schön nicht bei, wie man Hemden faltet und Schuhe putzt. Und schon gar nicht, wie man mit der Waffel Papptafeln totschmeißt! Neinnein, da habe ich doch lieber heimlich und vor allem wahrhaft still und leise unter der Bettdecke die Hauswirtschaftbücher meiner Cousine gelesen und mir so die Grundlagen der Textilpflege selber angeeignet. Hat zwar nicht viel gebracht, aber zu einer schicken Uniform bin ich trotzdem gekommen. Denn heute bin ich Leutnant der Reserve in der Ehrengarde der Stadt Köln – einem Corps, das in äußerst moderatem Tonfall dem Wohle der Stadt und ihres Bauerns zu dienen pflegt und lediglich in gut gemeinter Absicht ungezielt mit Bonbons auf andere Menschen wirft – und passe dort mit meinen unangebrüllten Kameraden auf die Hahnentorburg auf. Seit vielen Jahren mit Erfolg! Hätten wir schon früher damit angefangen, dann wäre die Stadtmauer bestimmt auch noch ganz. Aber das soll jetzt hier nicht mein Thema sein. Was war noch gleich mein Thema?

Schellenkränze und Glöckchen! Schellenkränze und Glöckchen, meine zutiefst verehrten und bewunderten weiblichen Leser und Leserinnen, sind der akustische Feind des pointalen Verständnis! Will sagen: Wer den Witz nicht hört, kann über den Witz nicht lachen. Und ohne wahrnehmbare Komik, das gebe ich gerne zu, kann einem der Kasper auf der Bühne schon einmal recht unkomisch vorkommen. Und dann wird's krawallig im Tipi. Raucht irgendwer von Ihnen eigentlich Friedenspfeife?

Nehmen Sie sich doch bitte mal ein Beispiel an den Männern. Gut, die runden sich die zwei vors Komma, rauchen Zigarren, spielen Skat und gehen in der Pause ins Pascha. Aber die machen keinen Krach! Jedenfalls nicht in der ersten Abteilung. Wenn allerdings zu Beginn der zweiten Abteilung die absolute Fahruntauglichkeit erreicht ist und mann reihenweise in den Schlaf des Gerechten sinkt, dann kann einen das Geschnarche auch an den Rand der dramaturgischen Hilflosigkeit bringen. Aber Schnarchen ist ein natürliches, dem Manne von Gott auferlegtes Geräusch. Und als gutrheinischer Katholik habe ich dieses Gesummse demütig zu ertragen. Doch zeigen Sie mir, liebe Sitzungsmädchen, zeigen Sie mir bitte die Stelle in der Bibel, wo so oder so ähnlich geschrieben steht: „Und Gott entnahm Adam eine Rippe und bastelte daraus einen Schellenkranz." Die werden Sie nicht finden. Und wenn doch, dann endet der Absatz mit an Wahrscheinlichkeit grenzender Sicherheit nicht mit den Worten: „Und er sah, dass es gut war." Da können Sie aber getrost von ausgehen, da traue ich mich zu wetten! Und wenn doch ... dann hätte ich meine Wette eben verloren, denn das würde in aller Konsequenz ja heißen, dass Gott tatsächlich den Schellenkranz erschaffen hat ... Hm. Bewusstseinserweiternder Gedanke. Würde erklären, warum da oben keiner mein Flehen erhört. Muss ja ein Riesenlärm sein im Garten Eden, wenn da jeder Engel seine Harfe gegen eine Rappelstange eintauschen musste. Und wie soll bei all dem himmlischen Gerocke der Chefseelsorger mein Anliegen auch verstehen können, meine Bitte nach der Wiedereinführung des dortigst ersatzlos gestrichenen elften Gebotes „Du sollst nicht schellen!".

Ich habe ja schon einmal, aufgrund der vermuteten Missachtung durch die tinnital belastete Firmenleitung, den Versuch gestartet, mein Problem bei der zuständigen Task-Force vorzubringen. Ein Anruf genügte auch, und das Büro Meissner erteilte mir einen Audienzsammeltermin. Das ist doch Volksnähe! Da geht man doch noch kurze Wege! Da sah ich wieder einen Silberstreif am Horizont. Da bin ich dann hin, nahm Platz, harrte der Dinge, die Türe öffnete sich und Herrn Kardinal vorweg eilten zwei emsige Messdiener mit ... Schellenkränzen! Ja, wie soll der gute Mann denn auch Dauerkritik und Domfenster zu aller Zufriedenheit für sich verarbeiten, wenn jede göttliche Eingebung bereits im Ansatz niedergeschellt wird? Schon damals wurde mir die weitreichende Zerstörungskraft des femininen Marterpfahls klar vor Augen geklingelt. Darum, liebe Rippchen, Entschuldigung, Mädchen, wollte ich meinen, liebe Mädchen! Ich sag es mal so: Hätte der liebe Gott wirklich gewollt, dass ihr die ganze Zeit scheppert, rappelt und klingelt, dann hätte er aus Adams Rippe einen japanischen Kleinwagen produziert. Hätte! Hat er aber nicht, ergo, tut mir und meinen Kollegen gnädigst den Gefallen und beschimpft das nächste Mal, bevor ihr euch auf den Weg nach Köllen macht, eure Männer, übelst, derbe und laut! Meinetwegen könnt ihr dabei auch wild Herumrasseln, aber gebt bitte wirklich alles und mehr, macht sie fertig, tobt euch grundlostanzend den Wolf – brüllt, kreischt, schreit und bewerft sie mit Streuselkuchen... Und dann kommt ruhig und ausgeglichen zur Mädchensitzung und hört uns bitte zu. Wir haben euch doch so viel zu geben... Zwar nur für kurzweilige 20 Minuten, aber auch die können – und das werden euch eure Männer bestätigen – ganz schön lang sein! Vor allem – aber das werden euch eure Männer jetzt aus fehlender Erfahrung nicht bestätigen können – wenn man ganz alleine da oben steht und niedergeschellt wird! Das tut weh, liebe Mädchen, glaubt mir das, auch Clowns haben ein Herz! Und auch dieses kleine, reine Herz kann gebrochen werden! Natürlich, einige von euch werden jetzt denken: „Was will der meckernde Medizinmann überhaupt? Dick die Federn auf der Mütze, aber einen auf Waschbär machen! Ein Indianer kennt keinen Schmerz!" Darauf kann ich nur entgegendenken: „Ich bin aber doch gar kein Indianer! Ich habe auf der letzten Sitzung für Indianerinnen aus dem Sauerland lediglich in der ersten Reihe einen häuptlingswürdigen Kopfschmuck konfisziert, damit ich die zweite Reihe besser sehen kann!"

Nun aber, bevor in baldiger Bälde Bruder Sonne den fahlen Gevatter Mond aus dem Siebengebirge verstrahlt, um den Tag auszuleuchten, der sich mir wie ein Buch mit neuen Kapiteln widmen wird, bevor meine Reise durch die Jagdgründe der Kölner Bucht mit ihren meist friedvoll karnevalistischen Stämmen ihren erneuten Antritt erfährt, bevor alledem sollte ich meinen Arsch nun schleunigst ins Bett schleppen, um träumlings von diesem nervigen Indianertrip herunterzukommen. Oder ich bestell mir ein Kölsch und lad Winnetou ein. Und Karl May bezahlt. Möge seine Sonne im Osten verschlafen! Au!

Kapitel 16

Dat sin die Lück / Das sind die Leute
Oder: Drei Episödchen in rheinischem Singsang

Krätzchen, lieber Hobbybastler, Krätzchen sind nach meiner wissenschaftlich nicht valuierten Definition Werke, die, musikalisch gestützt von sparsam eingesetzten Saiteninstrumenten, textlich äußerst pointiert den Alltag und seine Tücken in ein humorvolles Singspiel verpackt kolportieren. Der Sänger, den man ob des gerne angewandten Sprachgesangs ungestraft auch Erzähler nennen darf, und sein oft zur Unterstreichung wesentlicher Textpassagen mitgenommener Spezl bedienen sich darstellerisch – trotz ihrer hochgradigen, zur trefflichen Situationsbeschreibung auch notwendigen, eigenen Intelligenz – bevorzugt der Parodie auf fiktive Figuren, die den Ruf des Dorfdeppen in allen Teilen erfüllen könnten, um die fast geniale Banalität des Besungenen durch die naive Unbekümmertheit des Vortrages nicht zu einem schwer verdaulichen Batzen Kunst werden zu lassen. Noch Fragen?

Ich hätte da eine: Was genau will ich mit diesen für den Klimawandel höchst unrelevanten Sätzen sagen? Ach herrje, was soll das nur mit mir für ein Ende nehmen, wenn ich noch nicht einmal in der Lage bin, ein paar klar verständliche Aussagen zu schreinern? Ich gebe ja zu, dass ich von Mutter Natur mit zwei linken Händen bedacht worden bin. Ich könnte Ihnen zwar eine Schraube in die Wand diskutieren, aber wenn ich wem dafür eine Anleitung dichtern müsste, dann wäre Polen aber bald doch noch verloren. Und selber schrauben geht schon mal gar nicht!

Sollten Sie, lieber Werkzeugfreund, sollten Sie mich einmal mit einem Hammer sehen ... ducken und schützen Sie sich! Nur ein gut gemeinter Ratschlag. Zu Ihrer eigenen Sicherheit. Ich stelle mich leider beim

Werkeln aber auch so was von dämlich an, dass ein damals noch guter Freund einmal zu mir gesagt hat: „Marc, ich habe das Gefühl, für dich ist selbst eine Schüppe schon eine Maschine!" Ich hätte ihm derzeit gerne die besagte Schaufel an die Hirse gepichelt, aber Einsicht ist der kapitulativste Weg zur Besserung. Daher habe ich ihm zugestimmt, den Garten weiträumig verlassen und mich auf meine ureigenen Qualitäten besonnen. So entsteht große Poesie. Oder bloß ein kleines Krätzchen. Der Grat ist schmal und das Urteil liegt in den Ohren des Betrachters ... ich hab jedenfalls einfach mal eins draus gemacht, und das geht so – auf geht's, Buam!

Et jitt halt Lück, för die ess en Schöpp en Maschin
Die krijjen wirklich janix op de Reih
Die hann zwor alles jot jeplant, trotzdem häut nix hin
Kaum hann die aanjefange, ess et allt vörbei ...

1
En der Südstadt wor e Stroßefess, alles wor parat
Et janze Volk em Sonndaachsbess un de Pänz wore fresch jebadt
Alle woren se sich einich: „Das wird ein Riesenspass!"
Doch dann kam Jupp mem Jummihammer und machte sich ans Fass.

Der Fessausschoss wood leich nervös, denn et Jüppchen hatt jezielt
Und dabei nohm Marieche en dem koote Rock jeschielt
So abgelenkt hat unser Jupp den Hahn nur leicht jetroffen
Der Präsident rief: „Dat hält nie!" Man konnte nur noch hoffen.

Doch der Hahn hielt es im Fass nicht aus und schoss nach vorne weg
Zuerst dem Jüppche aan der Kopp un platsch lohch dä em Dreck
De Musik spielte „Wasser marsch" und dann wurde es fies
Weil ohne Hahn das „juute" Kölsch spontan das Fass verließ ...

Im hohen Bogen sprudelte der holde Gerstensaft
De Musik wollt en Deckung jonn ... se hatt et nit jeschafft
Die Festgemeinde trauerte, der Präsident wood bleich ...
Denn et Bier wor all, der Jupp k.o. un de Musik soß im Teich ...

2
Der Matthes war vor einem Jahr im Schwedenmöbelhaus
Da schleppte er containerweise Schwedenmöbel raus
Denn die sind jünstig und bequem im Kofferraum verstaut
Und mit ein bisschen Phantasie daheim schnell aufjebaut ...

Zu Hause wurde ausjepackt, er konnte es kaum glauben
Auf 64 Bretter kamen zwei Millionen Schrauben
Zum Glück gab es ne Bauanleitung, doch was ein Buhei ...
Hundertzwanzig Sprachen, nur Kölsch war nit dabei!!!

Der Matthes daach: Wat soll der Quatsch ... und fing zu schrauben an
He ein, do ein, rin domet, denn selber ist der Mann!
Für ihn zählte eines nur: Ich baue ein Regal ...
Mit zwei Millionen Schrauben, die Sprache ess ejal!

Nach zwei Wochen waren dann die Schrauben aufgebraucht
Denn er hatte sich im Baumarkt noch wat Holz dabei jekauft
Das Bollwerk sah beachtlich aus und es war nicht grad klein
Jetzt stand es da und jeder frööch: Sach, wat soll dat jetz sein?

3
Der Stammdesch „Alles Trallala" fuhr einst nach Altenahr
Ins alte Weinhaus „Doppelspalt" ging es in diesem Jahr
Und in der Kneip die Kellnerinnen, war das eine Schau
Jede einzelne Bedienung war ein Bild von einer Frau!

Die Jungens hann sich ömjelo't, un wurden beinah schääl ...
Aan jedem Desch ne blonde Schoss, nor sie hatte ne Kääl
Un dieser Kääl wor nit mih neu, er konnte kaum noch geh'n
Und gucken konnt er auch nicht, er hatt se übderseh'n ...

Die Stammtischbrüder wurden drüch, bestellten lauthals Wein
Den Köbes ließ das alles kalt, er schien auch taub zu sein...
Nach zwei Stunden Weinbestellen wollt man sauer geh'n
Da sah man Köbes Kasimir in der Türe steh'n ...

Vor sich einen Kellnerwagen, denn er hatt' es auch im Rücken
In drei Lagen vollbeladen, wollt er den Stammtisch nun bestücken ...
Er hatte alles mitgehört und fleißig aufgeschrieben, sprach:
60 lieblich, 30 trocken, macht tausend Euro sieben ...

Verbraucherinformation: Stilistisch gesehen repräsentiert vorstehendes Werk den sogenannten rheinischen Singsang. Allerdings steht diese Bezeichnung nicht wie zu vermuten für die sprichwörtlich rheinische Art zu singen, sondern gegenteilig für die singende Art, Rheinisch zu sprechen. Da ich davon ausgehe, mit dieser Darstellung einmal wieder mehr Verwirrung als Erleuchtung gestiftet zu haben, verspreche ich hiermit hoch und heilig, dass ich niemals ein Sachbuch schreiben werde! Des Weiteren ist für den in Plato-Kölsch (Plato, von Pla/Platt und Ho/Hoch) verfassten Text keine Übersetzung vorgesehen, da sich auch dem dialektischen Laien die inhaltlichen Zusammenhänge durch einfaches Kombinieren erschließen. Sollten Sie durch den lobenswerterweise die Lektüre begleitenden roten Ahrwein in Ihrer Kombinationsfähigkeit bereits leicht gebremst sein – oder lediglich keinen Bock zum Rätseln haben –, erreichen Sie die hilfeleistenden Übersetzungsbehörden unter der Heißlinie 0190 und dann elfmal die Elf. Wir hoffen, Ihnen damit geholfen zu haben, und wünschen Ihnen noch einen schönen Tag. Auf Wiederhören.

Kapitel 17

Ein Grund zur Veranlassung
Oder: Die 10 investigativen Fragen zur Klärung des sozialen Status

„Das hab' ich auf der Zirkusschule in Moskau gelernt ..."

Sei mir jetzt bitte nicht unwirsch, liebes Tagedings, aber es gibt Dingse zwischen den Auftritten, die mir derart an die Nieren gehen, dass ich sie, wenn nicht jetzt, wann dann, aus meiner Erinnerung wegschreiben muss! Und ein eben solches erlebte ich vor gar nicht allzu langer Zeit! In frühester Vergangenheit, quasi. Lass es fünf Minuten her sein, dass dieses Erlebnis endete und mich vor einem Trümmerhaufen soziokultureller Eindrücke zurückließ, ohne dass es mir zeitlich möglich gewesen wäre, diese im Kappes wiederkäuend zu verarbeiten. Daher, liebes Tagebrems doch, du Penner! (Entschuldige, Laptop, ich meinte gerade nicht dich, du treue Seele, sondern meinen waghalsigen Chauffeur, der mich durch zu spätes Reduzieren der Geschwindigkeit wieder einmal an den Rand der Cholerik befördert hat!) Daher, liebes Tagebuch, muss ich dir zwischen Sartory und Börse kurz den Strom durch die Platinen jagen, um meinen Frieden wiederzufinden, den ich andeutend sektsaufenderweise vor Kurzem gänzlich zu verlieren Gefahr lief. Sülz nicht rum, Redner, tipp geschwind, in zehn Minuten ist Schauzeit ... also, Spurt! Ähm, hallohallo-hey! Ich meinte doch nicht dich, du Schiffschaukelbeschleuniger, sondern meine Erzählgeschwindigkeit! Also fein den Fuß vom Gas, sonst kübel ich dir meine geistigen Inhalte auf den Navi! Dann ist hier aber Orientierungslosigkeit angesagt. Und das wäre echt nicht förderlich für die Börse! Danke.

Nun denn, geschmeidig fortan: Ich komme gerade von einer Veranstaltung, für die ich mich ob derer eigenen Art kurzfristig nicht nur hektisch aus meinem Kostüm heraus-, sondern auch nicht minder hektisch in einen schwarzen Anzug hineingewurschtelt habe. In meinen einzigen schwarzen Anzug, wohlgemerkt. Den Universalsack sozusagen. Sehr dunkel und breitseitig einsetzbar. Grund zur Veranlassung war die Einladung zum Empfang anlässlich der Verleihung der „Goldenen Laute in Silber – für besondere Verdienste um die Erhaltung des ripuarischen Liedguts des 16. Jahrhunderts im zeitgenössischen Fasteleer". Bitte wo? Wer braucht denn so was? Ich habe so langsam das Gefühl, wenn man in Köln mehr als zwei Minuten irgendwo regungslos in der Gegend herumsteht und so guckt, als wüsste man Bescheid, bekommt man entweder einen Preis oder eine Mütze auf den Kopf! Diesjähriger Preisträger war angeblich der angenommen regungslose Karl-Heinz Witterschlick aus Bayenthal. Ja, wer kennt ihn nicht! Ich zum Beispiel. Und ich hatte auch nicht das Vergnügen, ihn kennenzulernen, denn

Würdenträger, die gerne ripuarisches Liedgut aus dem 16. Jahrhundert hören, sind meist von älterer Natur und zur Zeit der Verleihung oftmals schon im Bett, sodass sie sich im Grunde genommen gegen den Preis auch nicht mehr wehren können ... Ich empfinde diese Preisverteilungsphilosophie ohnehin als ansatzweise unmenschlich. Andauernd müssen die altverdienten Karnevalisten schwere Pokale nach Hause schleppen! Das geht doch mordsmäßig auf den Rücken ... so was macht man doch nicht! Da sollte man doch warten, bis die verstorben sind, und ihnen einen hübschen Kranz auf das letzte Grundstück legen, da haben doch dann alle viel mehr Freude dran! Im Grunde genommen steht das doch in keinem Verhältnis ... man steht 20 Jahre auf der Bühne und muss sich 40 Jahre lang dafür bedanken ... da verliert man ja die Lust, als noch Aktiver im Saft. Aber trotzdem geht man hin, zu solchen Anlässen. Weil, das gehört sich so. Und aus.

Oftmals habe ich das Gefühl, dass, wenn der Kölner keinen Grund zum Saufen hat, er einen Preis erfindet und einen Anlass veranstaltet, gerne auch mit Imbiss und einem kleinen, aber feinen Rahmenprogramm. Als Teilhaber der heutigen EasyJet-Set-Gesellschaft weiß man natürlich, dass „Imbiss mit Rahmenprogramm" nur die geblähte Version von „Mettbrötchen mit Musik" ist, und meidet daher tunlichst – wie in Kapitel 8 bereits erschöpfend begründet – den Besuch von Anlässen im grenznahen Ausland. Oder man speist auf dem Weg nach da noch vornehm an der Raste. Ohnehin sehr praktisch, denn dort werden meist neben lauwarmen Menüs aus dem Lebensmittelsolarium, sämtlichen Gebrauchsgütern des täglichen Lebens und dauerhaft reduzierten Fanartikeln der deutschen Fußballnationalmannschaft auch hübscheste Blumenangebinde feilgeboten.
Ich vermute ja, der Gesetzgeber schreibt vor, dass diese Tankstellensträuße immer aus mindestens 80 % Gerbera und 20 % Folie bestehen müssen, farblich abgestimmt auf den sie veräußernden Rohölkonzern. Diese Tatsache lässt natürlich Rückschlüsse zu. Um Peinlichkeiten zu vermeiden, sollte man daher beim Überreichen des Dieselbouqets mit den Worten „Ein echter Aral! Der war nicht billig!" sofort klare Verhältnisse schaffen. Glaub's mir ruhig, ich weiß genau, wovon ich spreche. Ich habe im Anlassfall immer einen Bund Blümelein dabei! Weil, das

gehört sich einfach so. Und man ist in jedem Erwartungsfall fein raus. Genauer:

Beim Eintreffen am Anlassort sondiere ich zuallererst die Lage des Jubilars. Steht dieser aufrecht und macht einen stabilen Eindruck, wandert der Blumenschmuck direktemang in die Hände der Gemahlin. Riecht Herr Hinz allerdings schon ein wenig nach Schaufel und droht anlässlich des Anlasses vom Leben abzulassen, bekommt er die Primeln in die Hand. Wenn er dann darniedergeht, sieht alles gleich viel freundlicher aus, der Abend ist gerettet und die Stehparty geht mit rosigen Gesprächen weiter! Auch wenn mittendrin einer liegt und schweigt. Lasst Blumen für ihn sprechen. Danke, Tanke!

Heute habe ich die Blumen einfach gegessen. Der Jubilar war schon im Bett, die Mettbrötchen waren matschig und ich hatte Hunger. Not macht bekanntlich schmerzfrei. Und Schmerzfreiheit ist eine der wichtigsten Voraussetzungen zum Überstehen einer Festivität, auf der neben „Dummrumstehen" und „Schlaugucken" der „Smalltalk" eines der abendfüllenden Hauptelemente ist. Der Schmalztalk, wie ich ihn gerne nenne, ist die hohe Kunst des Sprechens, ohne dabei etwas zu sagen, und geht mir gehörig auf den Sack. Ständig kommt einer an, stellt sich ungefragt neben dich und sülzt dir seine Zahnmettreste an die Wange. Das ekelt mich an. Und langweilen tut es mich auch. Ich möchte einfach nicht mit einer mir völlig unbekannten Person bei einem Gläschen Henkel halbfeucht über die Niederschlagsmengen in der Voreifel diskutieren. Ist das denn zu viel gemöchtet? Es ist mir auch gelinde gesagt scheißegal, wie schlimm es da regnet! Selbst wenn da bereits die zweite Sintflut gelaufen wäre. Gut, dann wären wir hier unten schon längst alle versoffen, was aber auch nicht unbedingt von Nachteil wäre, denn dann müsste ich nicht mit jedem Hobbymetereologen mettspuckend über das Wetter seiern.

Heute war auch wieder so ein Leiterfrosch dabei. Der hüpfte seitlings an mich heran und quakte dermaßen impulsiv drauflos, dass mir der Gedanke an die Eigenheiten der französischen Gourmetküche plötzlich gar nicht mehr so abartig erschien. Ob ich denn schon wüsste, dass die Niederschlagsmengen in der Voreifel einen enormen Einfluss auf das Klima in der Kölner Bucht hätten, das sei doch interessant, das hätte er gerade neulich noch in der Brigitte gelesen. Ich warf sofort die Vermutung in seinen Raum, dass Henkel halbfeucht eher einen enormen Einfluss auf das Klima in seinem Oberstübchen habe. Der Literaturpapst war perplex, ich nutzte geistesgegenwärtig die Ruhe, um ihm zu empfehlen, auf den Hof zu gehen und Tropfen zu zählen. Wenn es dann seines Erachtens kritisch würde, solle er sich ein Taxi zu den Poller Wiesen nehmen und dort eine Arche bauen. Der Vorschlag kam an und Kermit sprang von dannen. Sollten Sie sich in circa 2000 Jahren mal die Neuauflage der Bibel kaufen und etwas von einer „Arche Koslowski" lesen, dann gehen Sie mal davon aus, dass ich den gut gekannt habe!

Kaum war Noah Koslowski im Namen des Herrn durch die Tür, da hatte ich auch schon den nächsten Jeck am Hals. Und mit dem wollte ich auch nicht Brüderschaft trinken. Das war einer von der ganz üblen Sortierung, der hielt sich gar nicht erst lange mit dem Austausch von Höflichkeiten auf, sondern fing mitten im Thema an. Was ich denn so beruflich machen würde, er hätte ja eine Sauerbratenzucht an der Ahr. Harrharr. Ein Hofnarr. Jagt ihn hinfort, sonst bin ich hier bald überflüssig. Obwohl, übersetzt man seinen Scherz einmal ins Ernste, ist er nicht nur von Unsinn geprägt. Eine Pferdezucht im Weinbaugebiet, das ist sogar recht sinnvoll, da hat der Hengst noch vor dem Filetieren Kontakt zur Rosine. Das ist doch geschmacklich sehr reizvoll. Auch und gerade für das Pferd. Ernst zu nehmender Gesprächsansatz. Ich stieg ein:

Guten Abend, Metzger, Köln ... Mist! Steilvorlage für den Weinwallach. Wie schön, ein Kollege aus Köln, das wäre ja ein trefflicher Zufall, er habe ja schon immer einmal wissen gewollt, ob der Sauerbraten in Kölner Brauhäusern denn auch wirklich nur vom Kölner Pferd stamme. Aber selbstverständlich, so ich, oder ob er denn schon einmal ein Pferd zweimal im Rosenmontagszug gesehen habe? „Am Aschermittwoch ist alles vorbei" sei ja auch ursprünglich die Hymne zur Siegerehrung auf der Galopprennbahn in Weidenpesch gewesen. Und die Küken für den halben Hahn würden zeitlebens mit mittelaltem Gouda gemästet. Und ... Gottchen, was war ich in Fahrt! Dem hätte ich alles erzählen können. Die ganze Wahrheit. Schonungslos. Und er wäre mit dem heißen Material nach Hause und hätte eine Doppelseite im Lokalblatt bekommen. Mit Farbfoto! Es sei ihm gegönnt. Der war wirklich noch ein Pferdemetzger vom alten Schlag. Ich glaube, wenn der mit seinen Töchtern „Ferien auf dem Immenhof" guckt, hat er in der Küche schon die Beilagen stehen. Ich habe ihm dann noch erzählt, am Nachspeisenbuffet gäbe es Pony-Eis. Und weg war er, der rhein-ahrische Reiter. Und ich stand wieder alleine da und lutschte weiter Blümchen. Gehen Sie, freizeitorientierter Leser, ruhig einmal auf einen Anlass, da lernen Sie Schicksale kennen, und wenn Sie dann wieder nach Hause kommen, haben Sie garantiert das Gefühl, Ihr Leben ist satt und erfüllt. Sie werden Ihre Freude haben!

Im Gegensatz zu mir. Das hat jetzt mit den veranlassten Menschen in erster Linie gar nichts zu tun. Vielmehr mit meinem Beruf. Wissen Sie, bei jedem Gespräch habe ich eine gewisse Angst vor dem Moment, an dem die investigativen Fragen zur Klärung des sozialen Status gestellt werden. Zehn Stück sollen es wohl sein, ich weiß es nicht genau, ich bin nach der ersten meistens raus aus der Nummer. Die Gretchenfrage lautet: Und was machen Sie so beruflich? Früher habe ich mich oft dazu hinreißen lassen, einfach und ehrlich zu antworten: „Komiker." Die scheinbar biblisch manifestierte Reaktion auf dieses erschütternd offene Coming-out verbalisierte sich meist in der Form: „Och, wie schön! Ein Komiker! Dann seien Sie doch mal komisch, damit hier die Zeit etwas schneller vergeht!" Worauf sich bei mir im Laufe der Zeit der Konter: „Och, wie schön! Ein Dachdecker! Dann decken Sie doch mal das Dach, dann brauchen Sie sich über die Zeit keine Gedanken zu machen!" etablierte. Ich bekomme so langsam den Verdacht, dass „Komiker" sozialstatistisch gesehen gleich hinter „Münztelefon mit Wählscheibe" und „Landrat" kommt.

Aus dieser Mutung heraus habe ich es mir zur Gewohnheit gemacht, die erste Frage mit „Bühnenkünstler" zu beantworten. Das ist ja nicht direkt gelogen. Wenn Sie nach England fahren, behaupten Sie ja auch,

Sie kämen aus der Schweiz! Aber auch auf diese, wie ich der Meinung war, recht unverfängliche Auskunft hin manifestierte sich eine Pauschalreaktion. „Och, wie schön! Ein Bühnenkünstler! Nein, wie niedlich, machen Sie doch mal was!" Niedlich? Machen Sie doch mal was? Habe ich gesagt, ich bin ein Zirkuspudel? Mitnichten! Aber das Volk braucht Spiele, nachdem ja das Brot schon durchgesuppt in der Tonne liegt. Daher stelle ich mich dann meistens auf ein Bein und prahle damit, diesen großartigen Akt der Körperbeherrschung in der Moskauer Zirkusschule gelernt zu haben. Als gebührende Anerkennung ernte ich dann stets ein großes Hallo! Bewunderung in Reinform, große Augen, weit aufgerissene Münder, Szenenapplaus, oftmals verbunden mit der Frage: „Ach, bitte schön, könnten Sie uns das nicht auch beibringen?" Ich habe schon Anlässe verlassen, da standen plötzlich einhundertfünfzig mir völlig hörige Vasallen auf einem Bein und haben sich wie blöd gefreut. Ich freute mich dann auch – denn beim angewiderten Verlassen des Tatorts schubste ich kurz vor der Türe den ersten um und der ganze Anlass neigte sich dem Ende zu – Domino-Day XI, einhundertfünfzig Gefallene, aber ich sollte ja was machen. Wauwau! Spaß muss sein. Ich bin ja schließlich Komiker!

Übrigens, einer mit einem scheinbar perfekten Timing, denn kaum ist der vorangehende Satz im Speicher, bremst mein Fahrer den Wagen auf den Parkplatz vor der Börse. Punktlandung! Auf die Minute! Was steht hier eigentlich an? Eine Galasitzung in Frack und Abendkleid? Na ja, vielleicht erzähl ich ja erst mal was übers Wetter... Bis dahin, speichern und ab!

Kapitel 18

Der für sich selbst definierte Ausnahmezustand
Oder: Hau ab, du verlogene Pappnase!

„Äschermettwoch jeit et wigger...!"

Heute habe ich wieder einen gefunden. Ich könnte vor Wut die Luft anhalten, bis ich platze. Aber das hat schon früher nie geklappt. Also sein lassen, Marc. Habe ich dir, mein binärer Freund, schon einmal von den sogenannten versteckten Komikern berichtet? Von den Alibikarnevalisten, die gleichzeitig mit dem verlogenen Anlegen eines Kostüms ihre anerzogenen Wert- und Moralvorstellungen ablegen? Das Jekyll-Hyde-Syndrom hat nun wohl auch Köln befallen, also nicht die ganze Stadt, nur ein paar wenige Bürger, nur die, die die Infektion zulassen, gar provozieren... aber da haben genau diese Tarnkappenknallköpfe ihre Rechnung ohne den Blötschkopp gemacht! Eins-zwei-drei, ich hab dich! Und heute habe ich schon wieder einen gefunden! Ui, was regt mich das auf, dass es Menschen gibt, die den Karneval und seine

Kostüme benutzen, um Dinge zu tun, die sie sich im normalen Leben niemals trauen würden. Aber eingehüllt in die Mäntel und Masken der Narren entfliehen sie für traumhaft kurze Zeit ihrer Kinderstube und kosten den für sich selbst definierten Ausnahmezustand Fastelovend bis auf das Letzte aus! Ohne Rücksicht auf Verluste! Dabei ist Karneval gar nicht der Ausnahmezustand, Karneval ist der Normalzustand, und wer weiß sich im Karneval mit Herz, Seele und Verstand zurechtzufinden und geradeaus zu bleiben, der braucht eigentlich noch nicht einmal ein Kostüm. Aber er trägt eins – in welcher Form auch immer. Und das nicht, um sich und seine Mäkel zu verstecken, sondern um noch mehr fröhliche Farben ins Leben zu bringen. Und zwar auch in das Leben derer, die sich hinter den Kostümen verbergen, um den Karneval für sich auszunutzen, um für kurze Zeit einmal Mr Hyde zu werden...

Zieh die Leine, Herr Metzger, du bist ja kein vom Festkomitee vereidigter Wanderprediger, du bist Büttenredner! Du bist nur ein Narr unter Narren. Aber Moment – ist nicht gerade der Narr der, der den anderen den Spiegel vorhalten sollte? Wenn nicht ich – wann dann? Oder so ähnlich. Ist es somit nicht tatsächlich meine Aufgabe, mich über Busengrapscher, Hobbysäufer und Krawallsüchtige aufzuregen? Ich weiß es nicht. Ich kann mich zumindest nicht daran erinnern, dass mir diese Aufgabe zugeteilt worden ist. Und an mich reißen will ich sie schon mal gar nicht. Wie stehe ich denn dann da? Als weltverbessernder Witzekasper, der die Moral aus dem Konfetti liest und bitterbissig mit seinem Spiegel herumfuchtelt? So mag ich mich eigentlich nicht sehen... aber ohne Rückgrat umherzueiern ist wiederum auch nicht meine Art. Irgendwie komme ich nicht richtig raus aus der Nummer. Na ja, dann bleibe ich halt probehalber mal drin und verpacke meinen Protest in ein Gedicht. Im Dialekt, versteht sich, denn der macht uns so einiges erträglicher, wie wir in Kapitel 6 von Tante Elfi bereits gelernt haben. So, und nun „eat this!", mein Tagebuch:

Der Prinz, dä ess am Knaatsche – doch hä bliev ne jode Jung
Dät immer sage, wat hä meinen dät – met dem Hätz op der Zung
Un die Fastelovendsschwätzer stonn noch mit im en der Reih
Schwade noch ens Käu vun jester – denn morje ess et vörbei

Morje kütt der jecke Hoot fott – kütt en der Schrank bes nöhkstes Johr
Die Thekespröch kummen en der Keller – denn dä ess zom Laache do
Mer schwadt dem Prinz noch schnell e Bier av – drusse weed et langsam Daach
Dann flöck op Heim en der Frack jezwängk ... mer hät jenohch jelaach!

Noh Äschermettwoch jeit et wigger, Äschermettwoch hööt nix op
Pack ens aan ding Pappnas, Jung, villeich küss do selver drop
Un höör op, mich zozeschwade, wenn do doch sühs, wie mööd ich ben
Un dat die Trone vun däm Engel nit nor vum Laache sin ...
Oh, do Pappnas – dräumdöppelije Pappnas!
Oh, do Pappnas – do verlogene Pappnas!

Lor ens all die Indianer – die Cowboys, e Marieche
Die bunte Clowns, die Helde – vun morje sin am Kriesche
Paar jecke Dach hann se jedräump, ehr Levve wör allt do
Un op einmol kütt dat Äschekrütz un dann ess et nit mih wohr?!

Dat kanns do denne nit verzälle – die maachen wigger Daach för Daach
Wenn et wih deit, kumme Trone, un wenn et Spass määt, weed jelaach ...
Ich denke mer, ehr sidd wie die Pänz ... doch dann fällt mer plötzlich en
Dat die Fetze irjendwann villeich – och Fastelovendschwätzer sin!

Noh Äschermettwoch jeit et wigger, Äschermettwoch hööt nix op
Pack ens aan ding Pappnas, Jung, villeich küss do selver drop
Un höör op, mich zozeschwade, wenn do doch sühs, wie mööd ich ben
Un dat die Trone vun däm Engel nit nor vum Laache sin ...
Oh, do Pappnas – dräumdöppelije Pappnas!
Oh, do Pappnas – do verlogene Pappnas!

De Uniforme enjemott, de Orde en en Kess
Weil dat Prunkjedöns ehsch richtich wirk, wa'mer et en Zick vermess
Un wenn et Trümmelche dann widder jeit, dann sto'mer staats parat
Jardiste un Mariecher, en ehrer Eijenaat!

Denn Jeck bliev jeck, met dem Hätz om räächte Fleck
Nor, ess ens ehsch die Pappnas fott, jeit su mancher Jeck kapott!

Noh Äschermettwoch jeit et wigger, Äschermettwoch hööt nix op
Pack ens aan ding Pappnas, Jung, villeich küss do selver drop
Un höör op, mich zozeschwade, wenn do doch sühs, wie mööd ich ben
Un dat die Trone vun däm Engel nit nor vum Laache sin ...
Oh, do Pappnas – dräumdöppelije Pappnas!
Oh, do Pappnas – do verlogene Pappnas!

Kapitel 19

Die musikalische Brauchtumsverweigerung
Oder: BAP zum Schunkeln

Ich kann nicht einschlafen. Seufz. Habe jetzt schon genau zweitausend fiktive Rosenmontagszugpferde durch das Treppenhaus gezählt und kann immer noch nicht einschlafen. Sollten etwa die fiktiv gezählten Tiere daran schuld sein? Sind sie zu groß für den fiktiven Flur oder machen sie schlichtweg zu viel fiktiven Krach ... und wenn ja, wieso kann ich dann real nicht einschlafen? Vielleicht zähle ich einfach mal fiktive Gardisten, die sind nicht so sperrig und flutschen besser durch. Und besäbelt sind sie auch. Falls Miliz-Klaus im Gang auf der Barrikade steht und fähnleinschwenkend aus „Les Misérables" zitiert – den Zachabel blankgezogen und zappzerapp, ist die Revolution niedergeschlagen! Fiktiv, versteht sich. Und dann würde natürlich gefeiert, mit Spielmannszug und Gewibbel. Zu Ehren der siegreichen Recken tanzt die Marie sich müde, bettet sich neben mich, aber weil wir ob all dem fiktiven Feiergelärme nicht einschlafen können, zählen wir gemeinsam Traktoren, und wenn der Prinz durch ist, gibt's Frühstück. Gekochte Eier unter der Dusche.
Ein Traum!

Ja, wenn es doch endlich einer wäre! Ich würde ihn genießen, denn ich täte schlafen! Aber nein! Aufgebracht, wie ich wieder einmal bin, registriere ich nächtlings importierten Sauerbraten und wundere mich naiv darüber, dass mein Sodbrennen nicht wieder einfach dahin geht, wo es ungebetenerweise hergekommen ist. Es verweigert quasi seinen fiktiven Rückzug, ebenso wie so mancher reale Rheinländer das Brauchtum verweigert. Womit ich – dank dieser völlig an den Haaren herbeigezogenen Wortspielerei – endlich beim Thema meiner schlaflosen Aufregung bin: Brauchtumsverweigerung! Die gleichgültige Ignoranz des freundlicherweise stadtseits zur Verfügung gestellten Kulturguts durch kleinste Teile der Bevölkerung. Pfui!

Da quält sich eine Stadt jahrhundertelang durch die Epochen, um ihren Mitbürgern im 21. Jahrhundert ein Füllhorn voller Brauchtum vor die Füße zu kippen. Und dann machen die einfach nicht mit. Ja, wo gibt's denn so was? Überall! Selbst bis hin zu den Musikern hat sich diese Unart schon durchgesaugt. Das war für mich erschreckend, ich dachte bis vor Kurzem noch, wer „Am Dom zo Kölle" nicht vor- und rückwärtsfurzen kann, der hätte in der Musikschule noch nicht einmal putzen dürfen, aber nein...auch in der Musikszene findet die teilignorante Brauchtumsverweigerung statt!

Ich erinnere mich in diesem thematischen Zusammenhang gerne an meine Jugendzeit, die ja nach 35 Jahren vor Kurzem erst ein überraschendes Ende fand. Es musste ja irgendwann so kommen. Aber in dieser Jugendzeit hörte ich damals mit Begeisterung die Platten eines melodisch-predigenden, linksdrehenden Rockmusikanten Kölner Verwurzelung, der sich damals pfiffig dachte: „Och, was Bob Dylan nicht kann, das kann ich auch!", drei Akkorde übte und nach dem Motto „Englisch versteht hier auch keiner!" in seelentief einbetoniertem Kölsch seine musikalischen Monumente unters jubelnde Volk brachte. Ich komme gerade nicht auf den Namen, ist schon verdammp lang her! Aber diese seine Mucke fand ich geil! Da bin ich regelrecht drauf abgegangen. Das war für mich Köln. Das war für mich die Welt vereint in einer Stadt mit einer großen Kirche, damit auch ja alle reinpassen. Ich habe diese Musik geliebt! Ich habe sie unablässig gehört weil... weil... na ja, die haben halt alle gehört zu dieser Zeit und wir haben gedacht, es wären Karnevalslieder. Man kann sich ja mal vertun! Aber eines Tages kam plötzlich ein neues Lied heraus. Aus ihm. Da ging es um Kuchen und um Karneval und so. Und erst da habe ich dann verstört bemerkt, dass mein Idolinterpret scheinbar dem Karneval überhaupt gar nicht so zugeneigt ist, wie jahrelang aus textunverständlichen Gründen fälschlich vermutet. Ganz im Gegenteil. Mir wurde schmerzlich bewusst, dass der den Karneval sogar ziemlich doof findet! Und die erweiterte Tatsache, dass er den Karneval nicht lediglich einfach nur doof findet, sondern es auch noch verstärkt durch die Gegend brüllt, brachte mich fast in die Nähe der Fassungslosigkeit!

Ich meine, gut, es soll auch Nichtkarnevalisten geben dürfen. Deren Existenz ist sogar für die wirtschaftliche Stabilität und die kulturelle Ausgewogenheit der Stadt zwingend erforderlich. Wo soll das denn auch hinführen, wenn plötzlich alle mitfeiern? Sodom und Gomorrha! Die muss es schon noch geben, die Nichtkarnevalisten! Aber können die uns nicht einfach still und tolerant vor sich hin ignorieren? Ja, einige können das! Aber nein: Bob Schmitz aus Köln muss der Bundesrepublik in verschlüsseltem Deutschersatz verkünden: Schicken Sie bitte keinen Kuchen, denn an Karneval bin ich sowieso nicht zu Hause! Worauf sich die Bundesrepublik nach links und rechts umgedreht und gefragt hat: Wissen Sie, was er meint? Aber da keiner die Antwort wusste, bewahrte die BRD weiterhin die ARD-Fernsehsitzung am Rosenmontag als Normbild kölscher Eigenart in ihrem Herzen.

Da hatte die liebe Nation ganz schnell wieder ihre innere Ruhe. Aber ich war völlig unruhig! Innerlich eh, und von meinen Pickeln ganz zu schweigen! Da merkst du plötzlich, dass der kölscheste Held deiner Jugendzeit, dessen Platten du dir damals mit dem Geld, das du unter großen und teilkriminellen Mühen aus dem Nähkästchen deiner Großmutter ..., ähm, das deine Großmutter dir freundlicherweise unwissend zur Verfügung gestellt hat, dass dieses Vorbild schon damals besungen hat, dass er mich heute nicht leiden kann! Und ich Blödmann singe auch noch mit! Habe damals ja auch nur die Hälfte verstanden.

Aber hätte ich damals schon gewusst, dass der mich heute mal nicht leiden kann, ich wäre in aller Konsequenz zu Ernst Mosch und seinen Musikanten übergelaufen! Ja, das hätte ich getan! War zwar eine Scheißmusik, aber sie wurde noch von ehrlichen ukrainischen Bergbauern direkt aus dem Herzen durch die Tröte in die Welt geblasen, dass es nur so eine Freude war, ihnen nicht zuhören zu müssen. Es war noch grundsolide Musik ohne Singsang mit zweifelhaften Inhalten. Wenn da überhaupt gesungen wurde, ging es um die Heimat, die Heirat oder einen Baum. Und zwar in alternierender Reihenfolge. Das war es aber dann auch schon. Und die daruntergepustete Melodei war noch von solch quart-sept-akkordfreier Bodenständigkeit, dass man sie schier anfassen konnte. Moment mal, bitte wo? Was schreibe ich denn hier wieder für einen Unfug? Musik, die man anfassen konnte? Verzeihung. Ich entglitt. Wenn Ihnen, lieber Freund der gutbürgerlichen Blasmusik, wenn Ihnen mal einer sagt, dass er Musik anfassen kann, dann können Sie getrost davon ausgehen, dass er in einem Zimmer mit sehr elastischer Innenverkleidung wohnt! Lassen Sie ihn bitte die Musik anpacken, einpacken und abhauen. Sonst tauchen nachher noch Missverständnisse auf. Weiter jetzt, meine Empörung ebbt ab:

Zu dieser Zeit kam mein Weltverständnis ganz schön ins Schunkeln. Ich fiel förmlich aus der Bahn. Tja, so ändern sich halt die Zeiten! Ich war überhaupt nicht einverstanden mit Papas Kuchenlied, aber es war allen egal und deshalb schwor ich mir hoch und tief, dass, sollte ich jemals die Gelegenheit dazu bekommen, diese meine Stellungnahme zu meiner eigenen Entaufregung drucken und verbreiten zu können, dass ich diese Gelegenheit harsch beim Schopfe packen würde! So. Und jetzt sitze ich hier, habe den gepackten Schopf in der Hand und fühle mich immer noch unverhältnismäßig stark verarscht. Aber die Rache ist mein, sprach der Herr, und als guter Katholik füge ich hinzu: „Na gut, jedem das, was ihm zusteht, aber man wird ja noch ein bisschen miträchen dürfen!" Und deshalb, liebe Freunde des rheinischen Liedguts karnevalistischer Prägung, deshalb werde ich, sobald sich eine brauchtumsloyale Kapelle bereit erklärt, mich mit Klang zu untermalen, deshalb werde ich aus Rache eines der Lieder des antikarnevalistischsten Idols meiner Jugendzeit singen, in höchst karnevalistischer Anmutung, auf dass es sein grundgütig kölsches Herz erreiche und er sich meines Grams bewusst wird! Jraduss im Dreivierteltakt! BAP zum Schunkeln! Vielleicht mache ich ein ganzes Album draus. On va voire. Zunächst wäre es mir allerdings schon ein Fest, auch nur eines dieser Lieder, die ich dereinst gehört habe, bis die Nadel glühte ... ochnee-ochnee! Schon wieder so ein seltsamer Satz!

Ich glaube, diesen hier nennt man einen Allgemeinplatz. Obwohl es gar kein Platz ist, sondern ein Satz. Und zwar einer, der in seiner Kernaussage ebenso weise wie unnötig ist. Wenn man einen solchen Satz im Freundeskreis stehend absondert, dann fühlt der Kreis sich in seiner intellektuellen Würde gestaucht, geht weg und dann hat man um sich herum wieder allgemein Platz. Daher kommt das Wort. Ich mag es aber nicht beeiden. Die Quelle ist noch nicht geprüft. Daher schnell zurück zum konkreten Beispiel: Gehört, bis die Nadel glühte! Diese Redewendung entsprang den bunten Siebzigern. Da kenne ich auch die Quelle, denn an ihr hat ein guter Bekannter seinen Zivildienst verbracht. Und die hat nur so gesprudelt vor Zeitzeugenberichten aus den wilden Jahren: „Sex, Drogen und Ernst Mosch!" Da denkt man gerne dran zurück. Gut, meine Siebziger standen eher unter dem Motto „Pampers, Milupa und Rolf Zuckowski", aber man wird ja wohl noch mit zurückdenken dürfen! Müssen! Denn die Wahrheit liegt zurück. In dieser Zeit wusste man nämlich: Wenn die Nadel glüht, ist der Löffel heiß, das Zeug hat fertig, ab in die Vene und – aaaahhhhh! – plötzlich hat man nichts mehr gehört. Oder man hat noch was gehört, konnte die Musik aber plötzlich anfassen. Soweit der mittlerweile medikamentös in sich ruhende Zeuge. Ich glaube, ich werde ihn mal besuchen gehen. Zunächst allerdings werde ich, sobald sich wie schon erwähnt eine brauchtumsloyale Kapelle bereit erklärt, mich mit Klang zu untermalen, eines dieser besagten Lieder gepflegt verhunzen! Also, ich meine hier auf gar keinen Fall darniedersingen, sondern lediglich in guter alter Colonia-Duett-Manier zart persiflieren. Vielleicht kommt's ja sogar an und ich lande einen Hit! Au, was wäre das fein! Ich räche mich quasi reich! Von der ganzen Kohle kaufe ich mir BAP und die müssen dann eine ganze Session im Gürzenich die Tuschmaschine mimen, während „Brings featuring Ich" vorne an der Rampe zu den zwar progressiven, aber dennoch brauchtumskonformen Klängen von „Do kanns zaubere" ein ausgelassenes Powerschunkling betreibt ... herrlich!

Oje. Da bin ich aber wieder mal ins Träumen geraten. Besser, ich gehe jetzt mal hübsch nach Hause und schieß mir einen Tonträger von BAP in die Beschallungsanlage. Ich hab sie nämlich alle! Ob Kassette, CD oder Vinyl – gehegt, gepflegt und verehrt. Nur das Kuchenlied auf der „Vun Drinne Noh Drusse" habe ich mit einem Nagel deutlich markiert! Das ging mir dann doch etwas zu weit ... Jraduss! Gute Nacht ... zweitausendundein fiktives Rosenmontagszugpferd, zweitausendzwei fiktive Rosenmontagszugpferde, zweitausenddrei ...

Kapitel 20

Nun freu dich bitte, Tochter Zion!
Oder: Die eilige Messe in fast 5 Akten

Einführung: „Weihnachten steht vor der Tür!"

Mit diesem ultimativen Verkaufsargument für überteuerten und nutzlosen Plunder versuchte mir doch tatsächlich heute ein musikfabrizierender Kollege sein neues konzertantes Machwerk aufzunötigen! Ja, geht's denn noch? Weihnachten steht vor der Tür? Ich habe diesen Spruch schon immer nicht gutheißen können. Gehen Sie mal, lieber, nun mit vorweihnachtlicher Freude erfüllter Leser, gehen Sie mal im schneefreiesten Sommer über den Markt: Gurkenhobel, Hornhautraspel, Siedewürstchen ... und alles muss schnell weg, weil das heilige Fest schon vor dem Eingang wartet! Ich bin mal eine ganze Zeit lang schlechten Gewissens nur durch das Klofenster raus, weil ich wusste, dass Weihnachten vor der Türe steht, ich aber von dem ganzen Krempel nichts gekauft hatte. So weit kann es kommen ... Oder schauen Sie mal zur Haupteinbruchszeit eine halbe Stunde lang eine Dauerwerbesendung im RTL-Shop. Da kommt das Fest mit einer Geschwindigkeit näher, da fangen Sie aber intuitiv an, die Tanne zu schmücken! Weihnachten steht vor der Tür! Pah! Mieses Marketing. Ist mir absolut zuwider, diese Phrase. Sollten Sie mich einmal spätnachts lässig an meinem künstlerbegleitenden Nebenproduktkoffer lehnend skandieren hören „Weihnachten steht vor der Tür!", dann gehen Sie bitte davon aus, dass ich einen sehr anstrengenden Tag hatte und mir ganzganz ehrlich nichts Besseres mehr eingefallen ist. Sollten Sie diesen Unsatz allerdings schon morgens früh von mir vernehmen, dann gehen Sie bitte höflicherweise davon aus, dass ich nächtens mit meinem Jugendfreund Graf Zahl eine Runde Ponys geschubst habe und deshalb meine Kreativität noch im Plümmo klebt und Schlaf nachholt. Mittags habe ich traditionell Hunger, da rutscht einem so was ab und zu schon mal raus. Kaufen Sie die CD dann bitte einfach aus Mitleid. Das Buch haben Sie ja schon. Oder schenken Sie mir ein Brötchen. Denn schenken macht Freude und Weihnachten steht vor der Tür. Tusch.

Inhaltlich, so sei hier fairerweise zugegeben, inhaltlich macht der Satz schon irgendwie Sinn. Denn nach dem Fest ist vor dem Fest. Alte katholische Fußballerweisheit. Somit steht Weihnachten tatsächlich die meiste Zeit des Jahres vor der Tür, um dann am 24. Dezember für 72 Stunden hereingelassen zu werden und zuversichtliche Hoffnung zu versprühen. Wenn der Papa keinen Schichtdienst leistet. Sonst fliegt das Fest auch schon mal nach 48 Stunden wieder raus. Oder es darf erst am 25. Dezember für 48 Stunden rein. Rein rechnerisch ergeben sich hier mannigfaltige Möglichkeiten, die allerdings durch die Voraussetzung „Papa sein Arbeitgeber ist ein netter Kerl" völlig unnötig werden, denn dann hat Papa frei und das Fest gastiert drei Tage lang. Und wenn es dann wieder geht, um die gesammelten Eindrücke vor der Türe still für sich zu verarbeiten und damit den Marktschreiern hinsichtlich der angeblichen Positionierung von Weihnachten recht gibt, dann steht man selbst im Keller, macht sich flüchtige Gedanken über eine festvermeidende Konvertierung zum Buddhismus, lagert die Heilige Familie neben den Setzkartoffeln ein und beginnt schließlich doch damit, sich schon wieder auf das nächste Weihnachten zu freuen. Dabei steht es ja eigentlich schon immer noch vor der Tür. Aber das muss man ignorieren. Sonst ist der Effekt weg. Entzauberte Weihnacht, wenn Sie verstehen ...

Herrje, es ist aber auch wirklich schön, dieses Weihnachten! Für mich ist es so wunderschön, dass ich bereits im März wieder den Höhepunkt meiner Vorfreude erreicht habe. Aber im März, wenn die ersten Bück-Christstollen unter der Ladentheke feilgeboten werden, beginnt mit der vorfreudalen Klimax auch die schleichende Angst vor dem heiligsten Abend. Die Angst davor, unwichtigste Streitigkeiten nicht über das Jahr gestreut verstritten, sondern mit sich mitgeschliffen zu haben, bis Santa Klaus aus dem dritten Stock um Einlass schellt. Und dann wird's wieder krawallig. Aber das will man ja nicht. Schließlich hat das Fest der Liebe seinen Namen nicht von ungefähr. Werden wir es schaffen, uns zumindest an einem Abend im Jahr wie Liebende zu verhalten? Grundsätzlich nein. Denn allein die Fragestellung an sich übersteigt den harmoniesüchtigen Präventionsgedanken dermaßen, dass es mit Erreichen der liebestäglichen Datumsgrenze unweigerlich zum festvernichtenden Emotionsgau kommen muss. Jetzt wissen Sie das auch. Weihnachten ohne Familienkrach geht nicht. So.

Unweigerlich? Nein! Es gibt Ausnahmen. Wir, das sind meine – im Tagebuchfall teilfiktiven – Eltern und ich, haben nach der Zerstörung diverser Speisekeramiken eines bekannten WC-Schüssel-Herstellers beschlossen, dem Fest der Liebe und seinem Geburtstagskind wieder sinnvoll zu huldigen und uns den Wunsch nach Frieden auf Erden zumindest in unseren eigenen vier Wänden und zumindest ab dem heiligen Morgen für 72 Stunden zu erfüllen. Außer der Papa hat Schichtdienst. Dann verkürzt sich die Selbstbelügerei auf erträgliche 48 und bestenfalls gar auf erfüllbare 24 Stunden. Doch Papas Chef ist leider meistens nett, somit geht das Schauspiel nahezu alljährlich über die ganze Distanz. Aber das ist schon ganz in Ordnung so. Es geht ja hier schließlich um unsere eigene Besinnlichkeit, und nur die steht für uns im Vordergrund! Außerdem kostet das Zerdeppern dieses Villeroy&Boch-Zeugs ein Schweinegeld. Das geht auf die Dauer ans Sparbuch. Dann ist es im nächsten Jahr aber Essig mit Geschenken. Und ohne Geschenke wird's wieder krawallig. Und das will man ja nicht. Daher hat mein Vater, seines Zeichens seit 35 Jahren Schriftführer im vereinseigenen Verein, irgendwann einmal einen protokollarischen Ablauf erstellt, der uns zeitlich so in Beschlag nimmt, dass kaum Freiraum für verbale Schlägereien bleibt. Klingt komisch, ist aber so.

Wirklich, es funktioniert! Seitdem wir pflichtbewusst und besinnlichkeitshungrig den von Papa stramm kalkulierten Fahrplan abarbeiten, ohne nach dem Sinn oder Unsinn zu fragen, verläuft unsere rheinische Familienweihnacht wie im Musikantenstadl: grundlos fröhlich, herzensgut und hart an der vorgegebenen Zeit. Karl Moik würde jauchzen ob der logistisch perfekten Zwangsgemütlichkeit der von uns abzelebrierten Geburtstagsfeier. Hoffentlich sagt ihm keiner was, sonst kommt er womöglich noch gut gemeint mit ein paar lustigen Musikanten vorbei, überzieht mit seinem Beitrag unsere Sendezeit und vermurkst dem Papa seinen Plan. Ich befürchte, dann wird es wieder krawallig! Und das will ja keiner. Also, wenn Sie den Moik mal sehen, lassen Sie beim Schmalztalk bitte zu unserer höchsteigenen Besinnung das Thema Weihnachten raus! Servus, grüezi und danke!

Zum besseren Verständnis unseres friedfördernden Tuns hier einmal ein Beispiel aus unserem „X-MAS-PLAN" – den ich Ihnen natürlich gerne nach Zusendung eines frankierten und an Sie selbst adressierten DIN-A4-Rückumschlages an eine Adresse Ihrer Wahl nicht zukommen lassen kann, da es eine ganze Menge Adressen gibt und ich nicht davon ausgehe, dass Sie ausgerechnet meine erraten –, das Ihnen vielleicht die Lust zur Nachahmung verschafft:

„Tagesordnungspunkt 14:
15.43 Uhr bis 15.48 Uhr: Gemütliches Beisammensein."

Noch Fragen? Das hätte mich auch eher gewundert. Denn die bleiben selbst bei uns seit Ratifizierung der Vorlage durch den Familienrat nicht mehr offen. Dennoch möchte ich Ihnen die Lektüre der stilisierten Auszüge aus der Ablaufbeschreibung von Tagesordnungspunkt 23 aus dem Protokollkontrollprotokoll des 24. Dezember 2003, der ich mich nun etwas ausführlicher widmen möchte, wärmstens empfehlen. Wer weiß, wofür es gut ist. Erwähnter Tagesordnungspunkt 23 ist vatergegebenerseits der Christmettenbesuch im vereinseigenen, also im heimlichen, also der ortsansässigen Pfarrkirche. Ihnen nun damit viel Vergnügen. Ich hatte es schon…

1. Akt
Der Aufbruch

Eilige Nacht! Während Papa und ich bereits seit gut einer halben Stunde vor der Türe ein personell stark reduziertes und emotional eher unterkühltes Krippenspiel veranstalten, ist Mama mal wieder mit dem Sicherheitsrundgang beschäftigt. Sind die Kerzen aus? Brennt der

Baum noch? Haben wir alle Versicherungen gekündigt? Vorsicht ist halt besser, als nachher zu jammern. Aber eigentlich fahren wir ja nicht in Urlaub, sondern gehen lediglich zur 200 Meter entfernten Dorfkirche. Ich weiß jetzt schon, wie es weitergeht! Mama wird zeitschindend fragen, ob Papa denn Kleingeld eingesteckt habe, worauf Papa wie immer zurückfragen wird, ob die Kirche jetzt Eintritt koste. Jedes Jahr das Gleiche! Spätestens 2006 bringt Papa dann ein Textbuch raus. Es sei doch Weihnachten, sagt Mama gleich, er solle nicht so geizig sein und einen Schein in den Beutel werfen. Das wäre sinnlos, wird mein Vater murren, wenn der Schein irgendwo ankäme, hätten die da doch schon Fastenzeit. Ich schätze, Mama wird in circa fünf Minuten merken, dass sie noch Sitzschuhe trägt, für die 200 Meter bis zum Dorfdom aber Laufschuhe braucht. Und wenn sie dann die richtigen Schuhe gefunden hat, wird das Kleid nicht mehr dazu passen. Und wenn das Kleid dann zu den Schuhen passt, zieht sie einen tristen Mantel drüber und all die Warterei war rein optisch für die Maus. Mütter können so etwas. Nur Mütter. Mütter rennen auch am Tag vor dem heiligen Morgen zum Stylisten, um sich in einer sündhaft teuren Dreieinhalb-Stunden-Sitzung das Haupthaar ondulieren zu lassen, pappen sich aber für den Heimweg gleich wieder ein Kompotthütchen drauf. Ich bin Sohn. Und Söhne begreifen das nicht. Nicht nur Söhne. Mein Vater mahnt zur Eile. Ich glaube, es geht los...

2. Akt
Die Stunde des Küsters

Geschafft. Wir sitzen im Gotteshaus. Mama, Papa und ich. Neben uns ein Ochse und ein Esel. Mir wird ganz heilig. Jeden Moment muss das Vorprogramm beginnen. Es ist so eine Art katholische Version von „Dinner for one", nur ohne Essen und Oma. Einziger Protagonist: unser Küster, betrachtete 105 Jahre alt, grenzdebiler Bewegungsverweigerer, starke Nasenscheidewandverkrümmung. Einzige Aufgabe: Kerzen anzünden. Aber das ist leichter gedacht als gemacht, man bedenke das Nasenleiden! Kaum dass Quasiküsto mit dem brennenden Docht die Sakristei verlassen hat, flötet er diesen nasal aus und muss wieder zurück. Im normalen Messfall benötigt er amtliche 17 Minuten, bis er die vier Pflichtkerzen am Brennen hat. Heute ist allerdings O Tannenbaum, will sagen, ihn erwarten acht Tannen à 60 Kerzen. Per Dreisatz errechnete Zündzeit: 34 Stunden. Das sprengt die Liturgie. Man munkelt, der heilige Osram hätte die Lichterkette erfunden, nachdem er in unserer Theaterkirche „Candle for one" gesehen hat. Diese Munkelei spornte unseren Erleuchter dermaßen an, dass er die 480 Brennstäbe mittlerweile in handgestoppten 44,35 Minuten schafft. Meine Uhr ist von einem unabhängigen Aufsichtsbeamten mit Vereinserfahrung kalibriert, das Publikum gespannt und ... da ist er, der Küster! Mögen die Spiele beginnen ...

3. Akt
Der Einzug des Kirchenchors

Die Hütte brennt. Der Wald ist illuminiert. In rekordverdächtigen 43,22 Minuten. Herzlichen Glückwunsch! Auch im Namen meiner Eltern. Höchste Zeit für den Aufmarsch der Barden. Schmucke Männer im kurzen, schwarzen Anzug und holde Frauen in Blusen von „Fürgut" erschreiten den Altarraum in einer souveränen Art, die vermuten lässt, sie hätten die letzten Monate nur damit zugebracht, diesen Einzug zu proben. Haben sie auch. Sagt meine Tante. Und die muss es ja wissen, die grölt da mit in dem Verein. Drei Monate vor dem Tag X entfällt die wöchentliche Chorprobe zugunsten des Aufstelltrainings. „Singen können wir eh nicht, dann wenigstens unfallfrei reinkommen", lautet die Devise. Ziel der Übungen ist das formschöne Auflaufen und präzise Einparken in den fünf Sangesklassen Alt, Sopran, Tenor, Bass und Blasenschwache. Letztere müssen nahe bei die Tür. Das hohe C fordert jeden Muskel. Und Muskeln fordern Energie. Und wer grad nicht dran ist, bekommt eben keine. Unangenehmes Thema. Kategorie „selbsterfüllende Prophezeiung". Wenn es am feierlichsten ist, passieren die unfeierlichsten Sachen. Wie die: Unsere Tagesordnung regelt uns heiligmittaglich Erbsensuppe an. Eine Kleinigkeit. Damit es schnell geht und wenig Arbeit macht. Und das ist gut so. Zunächst. Nach 50 Minuten auf der harten Kirchenbank allerdings wird der Suppe meist langweilig. Geht das Volk nun auf die Knie, steigert sich das Hustenaufkommen exponentiell. Ohne akuten bronchialen Hintergrund.

Kleinigkeit! Wir sitzen aber erst satte 49 Minuten. Die Suppe fühlt sich noch gut unterhalten, der Chor spielt Standbild vor lodernden Flammen und ich freue mich, dass ich mich freue.

4. Akt
Tochter Zion

Ausgefreut! Ich befürchte, dass es losgeht. In der hilflos durch die versammelte Gemeinde verursachten Stille hört man nur noch das indianische Nasenflöten des Küsters, der mit letzter Kraft den Pastor ins Ornat klöppelt. Ein huzzeliger Musikant reißt sich derweil unerwartet aus dem Hauptfeld, kehrt der stillenden Gemeinde den Rücken und fuchtelt Aufmerksamkeit erheischend mit einem Stöckchen. Das Dirigat hat sich installiert. Auf stäblichen Geheiß des Fuchtelfuzzis beginnt in wenigen Sekunden das, was sich unter treuen Messgängern umgangssprachlich als „chorlektive Schnappatmung" etabliert hat. Der gesamte Klangkörper atmet so kurz, so heftig und so tief ein, dass sämtlicher sich im Kirchenschiff aufhaltender Sauerstoff in den Chor aufgenommen und auf ein Zweitzeichen des musikalischen Direktors hin in gesangsähnlichen Krach umgewandelt wird. Die durch das chorseitige Saugen kurzfristig vakuumisierte Kirche verschwerelost die Bittenden, zwingt sie auf die Beine und lässt sie anschließend durch das erwähnte Wiederauslassen der Luft ehrfürchtig in stehender Position verharren. Und los steht's! Zu den Klängen des unvermeidlich feierlichen – weil unwahrscheinlich lauten – Liedes über die wohl undankbare Tochter eines gewissen Herrn Zion, die alljährlich inbrünstig dazu aufgefordert wird, sich doch bitte endlich worüber auch immer zu freuen, eröffnet sich die Glaubensparade in einer Theatralik, an der selbst Kalle Moik, der alte Krawallbruder, seine heimliche Freude hätte: vorneweg 40 Messdiener, in deren Ermangelung die fünf hierorts vorhandenen einige Male den brennenden Nadelbusch umrunden und sich hinten wieder anstellen müssen, dann der Herr Pastor mit schwelender Handtasche an indischfarbigem Quotenkaplan und zum krönenden Abschluss der Küster, der eigentlich gar nicht auf dem Einmarschplan steht, gerne aber mal mit reinkommt und kurz nach dem Rechten sieht. Und genau all das geht jetzt vermutlich los...

5. Akt
Weihrauchkiffen

„Stille Nacht, heilige Nacht!" – von allem, was Odem hat, gesungen in einer Intensität und Lautstärke, die im Vergleichsfall nur noch von Viva Colonia getoppt werden und selbst die Tochter von Herrn Zion aus ihrer Lethargie reißen könnte – bombt mich aus dem seligen Schlaf, den mir das Weihrauchkiffen beim Einzug der Gladiatoren zu Beginn der heiligen Geburtstagsfeier vergönnte. Ich habe die Party verpennt! Auch eine Form der Besinnung. Gleich skiffel ich mich beschwingt aus der Kirche, wünsche allem, was rumsteht – inklusive Hydranten und Telefonzellen –, „Fröhliche Weihnachten!" und beende den 5. Akt, noch bevor er so richtig begonnen hat.

ENDE

Nachtrag: Natürlich habe ich dem eingangs erwähnten Kollegen einen Tonträger abgenommen, denn er war weder überteuert noch nutzlos, sondern im Gegenteil ein konzertantes Machwerk herzlichst rheinischer Natur, das meines Erachtens unter jeder nichtnadelnden Edeltanne so lange gehört gehört, bis die Nadel glüht! Der Tonträger, nicht der Kollege, versteht sich. Der wiederum war einfach nur nett, kaufte mit den weisen Worten „Weihnachten steht ja schließlich vor der Tür!" seinerseits vier meiner Tonträger und hatte recht. Ihm an dieser Stelle nachträglich noch ein „Frohes Fest!" – auch im Namen meiner Plattenfirma. Vergelt's Gott! Gute Nacht.

Kapitel 21

Hast du noch Socken?
Oder: Die wohlwollende Ignoranz der Stolzen, aber Besorgten

„Vergiss bloß nie, wo du herkommst!"

Dies, liebes Tagebuch, ist einer der beiden gernstgegebenen Ratschläge zwischen Tür und Angel, die ich mir seit einigen Jahren gut gemeint mit auf sämtliche Wege geben lasse, welche mich allemal von dort wegzubringen scheinen, von wo ich tatsächlich einmal gekommen bin. Und wenn ich die Wege dann auch noch alle bis zum Ende gehe, bin ich plötzlich ganz weit weg, bekomme Heimweh und weiß nicht mehr nach wohin. Schauriger Gedanke, das. Da ist guter Rat dann teuer. „Vergiss bloß nie, wo du herkommst!" Der ist jetzt schon gut. Und völlig umsonst. „Bleib bloß mit beiden Füßen auf dem Boden!" ist übrigens der andere. Und der kommt auch nicht von ungefähr! Woher er genau kommt, weiß ich zwar auch nicht, aber es reicht ja schon, wenn er es selber weiß. Und das sollte er nach Meinung aller Besorgten auch besser bloß nie vergessen!

Ach herrje. Es ist halt immer so lieb gemeint. Aber ich werde das Gefühl nicht quitt, dass, sobald auch nur jemand die Fahrradverkehrsprüfung auf dem Grundschulhof mit null Fehlerpunkten und ohne Schürfwunde absolviert hat oder sich im erstaunlichen Alter von acht Jahren allein und unfallfrei die Schnürschuhe binden kann, dass dann irgendwo ein Ratschläger parat steht, der wohlwollend und besorgt die dalailamistische Doppelweisheit karrierepräventiv absondert. Tja. Ich sage mal so: Nach zwei Bestsellern, fünf Top-Ten-Hits und mindestens einer Oskarnominierung würde ich sogar persönlich um die rettende Beratschlagung ersuchen. Denn dann könnte es wahrhaft brenzlig werden, das gestehe ich ein. Aber im Moment? Und in den Momenten danach? Nein. So erinnert euch doch bitte, ich bin's doch nur: das Kasperle! Bodenständig und heimatorientiert. Tritratrullala ...

Ja, ich weiß! Man meint es ja nur gut. Und ich will keineswegs überheblich oder undankbar erscheinen. Daher befolge ich diese Räte schon im Jetzt, auch wenn es schwer anstrengt, sich den ganzen Tag die Adresse seines Elternhauses aufzusagen und gleichzeitig darauf zu achten, dass man nicht durch einen überlastungsbedingten Schwelbrand im körpereigenen Sicherungskasten beide Füße gleichzeitig vom Boden löst und sich folglich tierisch auf die Fresse legt. Dann bekommt man nämlich eine Amnesie und die Adresse ist auch futsch. Aber ich gebe ja Obacht. Und ich werde wirklich nie vergessen, wo ich hergekommen bin. Versprochen! Allein schon, wie in Kapitel 2 gelernt, um nicht irgendwann im Stadtwald einsiedeln zu müssen und den Mann in den Bergen zu geben. Ohne Berge, ohne Bär – das wäre doch ein Jammer! Und weil ich da gerne herkomme, wo ich herkomme! Deshalb werde ich auch heute wieder den kardiologischen Brückenschlag zwischen meiner Wahlheimat Köln und meiner Herkommheimat Remagen wagen. Am vierten Montag der Session, dem 28. Januar 2008.

Denn heute ist frei. So richtig frei! Kein einziger Auftrittstermin ziert meinen Kalender. Quasi existiert der Tag überhaupt nicht. Und deshalb fällt es auch nicht auf, wenn ich einfach mal wegfahre. Nach Hause. Zu meinen lieben Daheimgebliebenen. Ui, ich freue mich schon, denn ich habe so viel zu erzählen! Rosenmontag darf ich auf den Präsidentenwagen, Donnerstag bekomme ich den Närrischen Oskar, obwohl ich das noch gar nicht weiß, glaube ich, Sonntag sing ich im Fernsehen ein Chanson und T-Shirts falten kann ich jetzt auch schon alleine ... na, das wird ein Wiedersehen! Man wird stolz auf mich sein! Subtil, aber irgendwie doch stolz ...

„Hast du noch Socken?", wird meine Mutter ihre wohlwollende Leistungsignoranz und meine berufliche Euphorie grußlos im Türrahmen stehend auf einen gemeinsamen Nenner bringen, mein Vater wird vorwurfsvoll mit einem angedeuteten Kopfschütteln „Das Auto hat es aber auch mal wieder nötig!" dazutun, Freunde werden auf ein Käffchen vorbeischneien und mir bis ins kleinste Detail ihre Hausfraukindbaumgeschichten erzählen, die angereiste Verwandtschaft wird mir pflichtbewusst ein gehöriges Wachstum bescheinigen, der Familienpapagei wird mich in guter alter Art ignorieren und ich werde schlagartig wieder wissen, wo ich hergekommen bin. Und wohin ich immer wieder gerne zurückkommen werde! Denn zu Hause ist, wo Pudding ist! Welcher Gestörte sich auch immer diesen Slogan aus dem Hirn gewrungen hat … aber ich finde, er passte gerade gut rein. Ich werde wieder zu Hause sein! Und die wohlwollende Ignoranz der Stolzen, aber Besorgten wird mich derart heftig zurück in den Alltag stellen, dass ich niemals den Boden unter den Füßen verlieren könnte, ohne umgehend mit dem Kopf gegen das mich behütende Dach meiner Vergangenheit zu rumsen. Dann hätte ich Clown nämlich nachher noch eine Beule im Charakterkopf und würde beratungsresistent. Und das würden meine Eltern nicht verstehen …

Gut, meine Eltern werden wohl auch nie verstehen, dass man als Bühnenschaffender auch öffentliche Verkehrsmittel benutzen darf und sich hin und wieder sogar eine warme Mahlzeit leisten kann. Die haben sich meine Berufswahl ganz anders vorgestellt. Bankkaufmann wäre es gewesen! Guter sozialer Stand, in Nadelstreifen eingerahmtes Erscheinungsbild, Kohle ohne Ende, und wenn man lange genug Rente ausgezahlt hat, bekommt man sogar ein eigenes Büro. Erst mal im Keller, aber immerhin. Mir war dieses Bild der Berufung schon immer ein wenig suspekt. Warum kann mir ein Bankangestellter mit dem Fortbildungsschwerpunkt Kapitalanlagen in einem persönlichen Gespräch in einer für den Erwerbstätigen völlig unverständlichen Sprache erklären, wie ich aus 2,95 Euro unter Zuhilfenahme revolutionärer Anlageförmchen im Laufe von nur knapp siebenhundert Jahren bis zu drei Milliarden Euro machen kann, aber nicht, warum er sich abends nur im Schutze der Dunkelheit mit einer rostigen Ente aus Zeiten der Französischen Revolution vom Hof macht, seinen Anzug in die Reinigung bringt und dann mit altbackenen Förmchen in seiner Gartenanlage verzweifelt grinsend Sandburgen baut? Ich denke doch, der weiß, wie's geht? Hat er sein Geld womöglich im Sandkasten vergraben? Ist das vielleicht die erwähnt revolutionäre Anlageform? Wird

Papiergeld in siebenhundert Jahren vielleicht zu Öl? Oder versucht er lediglich, nicht zu vergessen, wo er hergekommen ist? Ich weiß es nicht. Es ist mir auch egal. Solange er sich von meinen paar Mark fuffzich keine Schüppchen kauft, sondern sie einfach nur gegen die Angriffe der Inflation beschützt, kann er abends buddeln, bis er blöd wird. Für mich wäre das nichts gewesen. Abwarten, dachte ich damals, et kütt wie et kütt!

Und jetzt is et wie et is. Ich bin ein mittelmäßiger Komiker mit dem Hang zur Ernsthaftigkeit geworden, was von meiner mittelständigen Elternschaft allerdings immer noch ernsthaftig als äußerst komisch empfunden wird. Mit dem leichten Hang zur Skepsis. Und komisch im Sinne von Blödsinn. Dabei haben sie sich so eine Mühe gegeben mit mir! Blockflöte, Turnen, Biokost, Nachhilfeunterricht in Mathematik (falls der Junge doch noch auf die Bank will!), Sehschule und gesunden Abstand zu Dingen wie Golfen, Kaviar und Learjets haben sie mir angedeihen lassen ... damit aus dem Kleinen was wird, und wofür all die Liebesmüh? Jetzt ist er „Künstler". Ohne Taxischein. Nenene! Aber genau diese mir liebend unterschwellig angeimpfte Vorsicht und dieser damit einhergehende bittersüße Zweifel helfen mir heute, mich stets selbstkritischst zu hinterfragen und bei allem Spaß am Erfolg die „Boden und Herkunft"-Philosophie zu beherzigen ... Hilfe! Wer schreibt denn so einen unverdaulichen Murks? Das will doch keiner lesen, oder? Vielleicht wäre Bankkaufmann doch noch eine Alternative?! Schult die VHS da um? Ich werde mich mal erkundigen, wenn ich später durch mein Städtchen schlendere ...

Und das werde ich heute auch ganz bestimmt tun! Gleich nachdem ich den Empfang zu Ehren meiner eigenen Anwesenheit in oben beschriebener Form stillschweigend und demütig abgeleistet habe, ziehe ich ganz still und alleine los, entzünde dankbar und hoffend eine Kerze im stolzen Remagener Dom (Kirche St. Apolinaris – hat gleich vier Türme!), halte später inne an der Brücke von Remagen (hat auch vier Türme, aber leider keine Brücke mehr...), blicke dort hinaus auf den romantischen Remagener Mittelrhein (der gleiche Fluss wie der Kölner Hauptrhein, nur ein bisschen romantischer und mittiger, also früher dran...), scharwenzel danach flusstrunken durch die Remagener Altstadt (aber nur kurz, denn wenn man nicht gleich bremst, ist man durch!), erkundige mich (neu im Programm!), ob die Volkshochschule Büttenkaufmänner zu Bankschalterrednern umschult, leiste mir – egal für welche zukünftige Rednertätigkeit – beim Apotheker meines Vertrauens eine Tüte Gemischtes für Hals und Rachen (dafür gibt's übrigens gleich zwei Sammelhirschmärkchen! Röchelrabatt, quasi! Die kann man dann einkleben und bekommt, wenn man ganz viele davon hat, einen Strandeimer. Au, wie fein! Ich denke, den huste ich mir mal zusammen und schenk ihn meinem Bänker zur Schüppe dazu, dann geht's bei dem auch endlich voran!), gönne mir am Abend, umgedreht und zurück in einer der schier unzählbaren (wenn man ab „Fünf" in der Grundschule das Zählenlernen eingestellt hat...), aber dennoch empfehlenswerten Remagener Braustuben ein Kölsch (Import) und einen Raghava (Remagener Wunderwasser gegen alles und für nichts auf der Basis von Kräutern und Alkohol, rezeptpflichtig, gebührenfrei!) und verbringe meinen Heimatabend traditionell damit, Touristen aus allen Ländern zu erklären, warum um alles in der Welt der Dom so klein, die Brücke weg und der Rhein so romantisch ist! („Weil Köln sich 50 Kilometer weiter nördlich befindet, der Pauschalreiseveranstalter aber hier die günstigen Zimmerpreise nutzen wollte!" In vier Sprachen plus Bayerisch! Und 4711-gereinigt wie ein waschechter Kölner...)

Und morgen komme ich dann wieder nach Hause! Mit beiden Händen fest am Lenkrad meines frisch gewaschenen Autos und dem Blick in Richtung Dom, damit ich sicher und sauber dahin komme, wo ich auch wirklich gerne hinmöchte, mit den Gedanken bei meinen Lieben daheim und den frischen Socken im Kofferraum, damit ich auf meinem beruflichen Fußmarsch niemals vergesse, wo ich eigentlich herkomme, und mit einem Fünfziger für Sprit im Portemonnaie, damit ich sofort wieder zurückkann, wenn es das Auto mal wieder nötig hat, mir die Socken ausgehen oder ich einfach nur einmal den Boden unter den Füßen verliere... Bis dahin, große Kirche, halt die Türme gerade und pass mir gut auf Mutter Colonia und Vater Rhein auf! Denn zu Hause ist, wo Pudding ist... und der schmeckt nirgends auf der Welt so gut wie bei den Eltern!

Kapitel 22

Noch ein paar letzte Zeilen bis Mittwoch
Oder: Spill nit nor der Clown!

Liebes Männertagebuch! Als ich dich vor einigen Wochen unter schonungslosem Einsatz meiner Kreditkarte aus der unschönen Umgebung eines neonbeflackerten Schaufensters des klischee-indischen „Curry&Computa"-Shops herauskaufte, um dich fortan mit meinen tiefsten Ängsten und Nöten zu belasten, war mir noch nicht bewusst, wie eng unsere Freundschaft im Laufe der kommenden Nächte werden würde. Mittlerweile ist mir jedoch arschklar geworden, dass unsere von mir als sehr gute Freundschaft missdeutete Mensch-Maschine-Bindung haptisch gesehen von fast homoerotischem Ausmaß, auf geistiger Ebene hingegen scheiße einseitig und somit psychologisch grob unbefriedigend ist. Ständig däue ich dir offene Fragen in die CPU, die aber nichts Besseres damit anzufangen weiß, als sie unbearbeitet in binäre Codes oder so zu verwandeln und mir den ganzen Schnodder zur Verdeutlichung der Globalität des der Frage zugrunde liegenden Problems noch einmal auf den Bildschirm zu klatschen. Das kann und darf nicht alles gewesen sein! Das hält keine Freundschaft am Sein. Ich habe mich leider in dich verrannt wie ein Daddelkind, das so tief in der digitalen Realität verwoben ist, dass es aus Mangel an Antworten keine Fragen mehr zulässt, völlig verblödet und ohne Joystick noch nicht einmal mehr eine Dosensuppe aufbekommt...

Daher, mein treudoofer Freund, habe ich mich nach reiflicher, fast zweiminütiger Überlegung dazu durchgerungen, unsere Zusammenarbeit zum Aschermittwoch dieses Monats einzustellen und die sich daraus und durch den vorläufigen Wegfall karnevalistischer Machenschaften ergebenden Zeitfenster einmal akribisch zu putzen, um dann wieder klar und analog ins Leben schauen zu können. Vielleicht sehe ich dann eine Frau, such mir ein Haus, zeuge einen Baum und pflanze ein Kind. Vielleicht bleibe ich aber auch erst einmal sicherheitshalber allein und denke darüber nach, in welcher Reihenfolge und mit welchen Tu-Wörtern kombiniert diese Frau-Haus-Kind-Baum-Nummer eigentlich richtig funktioniert. Vielleicht. Sicher jedenfalls ist, dass ich in Bälde deine Festplatte leer fegen werde – natürlich nicht, ohne vorher dem Verlag eine Kopie gemacht zu haben –, um dir Freiraum zu geben für neue, große Abenteuer. Und die wirst du erleben! Das kann ich dir garantieren, denn ich verschenke dich spätestens am Ascherdonnerstag dem antiautoritär verzogenen Blag meines hellhörigen Unterwohners, auf dass es mobilcomputerisiert ist und somit auch in der Schule nicht auf seine dämlichen Ballerspiele verzichten muss. Vorher schraube ich dir aber noch die Lautsprecher raus, sonst wirft Klaus dich kaputt. Na ja.

Noch ist es ja nicht so weit, lieber zukünftiger Spielecomputer, noch bleiben uns ein paar letzte Zeilen bis Mittwoch, der allerdings schon mit großem Getöse im Anmarsch ist. Und er kommt meist schneller, als man aus Erfahrung ahnt. Ehe man sich dienstags noch versieht, hat man mittwochs schon das katholisch angeaschte Narrenkreuz am Kopf, steht ehrfürchtig dreinblickend im Dom und freut sich auf Weihnachten. Denn das steht ja bekanntlich vor der Tür. Tja, so geht es zu, in Köln. Nach dem Fest ist immer auch irgendwie vor dem Fest! Und kaum, dass der Baum sich entnadelt hat, beginnen am Dreikönigstag mit der Aussetzung der Sternsinger die ersten Umzüge der neuen Session. Es wird gesungen, geschunkelt, getrunken und gelacht, bunt kostümiert zieht man durch die Straßen und Gassen der Domstadt, Süßwaren wechseln ihre Besitzer, die Stimmung ist gut, die Freude droht überzuschäumen ... und am Ende trifft man sich wieder einmal im Dom und tut Buße am Grab des ersten Kölner Dreigestirns: Prinz Kasper, Bauer Melchior und Jungfrau Baldrian. Unsere Fastelovend – himmlisch jeck!

Und wieder beginnt der ganze Buhei von vorne, vom Brötchenschmieren bis zum Fischessen ... und der Redner kreiselt fröhlich gestresst durch die Säle, Grützenich, Sarotti, Katholische Gaststätte

St. Bruno, Pipi machen und wieder von vorne! Karneval kann grausam sein ... grausam schön! Weißt du, mein scheidender Freund, mir hat vor unzählbaren Jahren einmal ein bereits damals etablierter Kollege gesagt: „Manfred!", hat er gesagt: „Manfred! Es kommt der Tag, da willst du urplötzlich keine Menschen mehr sehen. Da geht dir auf einmal das ganze Tirili-Tirilei nur noch auf die Nerven. Irgendwann wird dieser Tag auch für dich kommen!" Tja.

Und jetzt sitze ich hier im Kappes, spüle mir die Session noch einmal durch den Leib und bekomme plötzlich fahle Angst bei dem Gedanken, dass all die Menschen, die ich in den letzten Wochen unterhalten durfte, dass die alle bald für ein paar lange Monate nicht mehr in den Sälen sitzen, und mir wird aufatmend bewusst, dass, sollte es diesen prophezeiten Tag überhaupt einmal geben, dass all diese Menschen nicht nur in dieser Session dafür gesorgt haben, dass besagter Tag X für mich so unerreichbar geworden ist wie ein frisch gezapftes Kölsch in der Wüste Gabi! Und darum mache ich weiter die Rampensau! Ich werde weiterhin die Welt durch meine Brille sehen und mein Haupt zum Schutz vor Griesgram und tristen Gedanken mit meinem Hütchen bedecken. Ich will ein Clown sein! Ich wollte immer nur ein Clown sein! Ich will mit Stolz meine Maskerade tragen und nicht verschüchtert in mich zusammensinken, wenn wieder einmal jemand fragt: „Und was machen Sie beruflich? Clown?!?" Nein! Dann will ich fröhlich und zufrieden antworten können: „Ja! Ich bin ein Clown!" Für mein Leben gern, mit Herz und mit Seele! Und vielleicht mit einer klitzekleinen Portion kölscher Selbstverliebtheit ...

Aber ich darf mich dabei nicht vergessen. Denn hinter all den Manfreds und Blötschkopps, den Rebscher-Hülshoffs, Inges und Klausens, hinter all diesen Karikaturen meiner selbst und hinter all den Spiegelbildern der Menschen, die ich dafür liebe, dass sie meinen Rollen Leben verleihen, hinter alledem steckt noch mein wahrer Kern. Und den kennt kaum jemand. Das ist auch eigentlich gar nicht so schlimm. Solange wie ich ihn vor mir selbst nicht verleugne. Oder um es, mich damit verabschiedend, mit den treffenden Worten meiner lieben „Tante Elfi" zu sagen:

Hör op un spill nit nor der Clown!
Och do darfs zeije, wat dich dröck.
Et Levve ess nit bloß e Spill.
Loor doch noh vörre, nit zoröck,
Denn jevve deit et vill.

Noh'm Senn zo söke brängk deer nix,
Dröm nemm et, wie et ess, och aan.
Antwoot ze finge schaff mer nie.
Et Levve ess en Aachterbahn;
Weed fluppe irjendwie.

Un dann, dann bess do och ne Clown,
Weil et deer Freud määt, su ze sin,
Nämlich bloß dann, wann do et wells
Un do dat nit nor spills.

Doch wann se hilf, ding Levvensfreud,
Nem Minsch, dä beet am Boddem litt,
Kütt off janz leis och jet zoröck,
Un dat Jeföhl ess Jlöck.

aus: Elfi Steickmann, Alaaf, Kölle!, Greven Verlag Köln

Und das Gefühl ist Glück!

„Hör op un spill nit nor der Clown ..."

Kapitel 23

Und nächste Woche schreibe ich ein Buch!
Oder: Danksagung, statt Karten

„Lasst mich nächste Woche bitte mal alle in Ruhe, da schreibe ich nämlich ein Buch!" Diesen Satz habe ich so oder so ähnlich meinem sozialen Umfeld zu Protokoll gegeben, nachdem meine damals zukünftige Lektorin Helga mich mit ihrer fast fahrlässigen Ermunterung „Schreib doch mal ein Buch!" nicht nur auf eben diese Idee, sondern in aller Konsequenz auch noch zur Umsetzung derselbigen brachte. So also nahm ich mir eine Woche Zeit, trat vorübergehend aus meinem Bekanntenkreis aus, kaufte mir ein Laptop und beschloss fortan, ein Autor zu sein. Ich glaube heute, dass meine kindliche Naivität mir in jungen Jahren dermaßen viel Freude bereitet haben muss, dass ich sie mir bis ins hohe Mittelalter bedingungslos erhalten habe! Denn schon nach vier Wochen merkte ich, dass acht derer nicht genug sein würden, um auch nur ansatzweise lesewürdig darniederzuformulieren, was ich dem Theaterbesucher in schlappen zwei Stunden mit rhetorisch überhöhter Geschwindigkeit um die Ohren haue. Nun, nach letztlich zehn intensiven Wochen sitze ich hier vor den Ruinen meiner Phantasie und schreibe dieses Vorwort, das ich, da ich es ja zuletzt geschrieben habe und um von meiner nichtchronologischen Arbeitsweise abzulenken, an den Schluss meiner Kapitelansammlung setzen möchte. Weil aber eigentlich in den vorangegangenen, teilfiktiven 22 Kapiteln eigentlich schon alles gesagt worden ist, bleibt mir an dieser Stelle nur noch, mich artig bei denen zu bedanken, die mir Geleit waren auf dem Weg vom ersten Geistesblitz bis hin zum fertigen Gewitter. Daher zolle ich nun Lob, Anerkennung und sage – statt Karten – aufrichtig Danke:

Meiner Lieblingslektorin Helga dafür, dass sie – obwohl ihre erste Kontaktaufnahme von mir irrtümlicherweise im Altpapier abgelegt wurde (ups!) – hart am Ball blieb und mir somit diesen Elfmeter ermöglicht hat!

Dem Kiwi-Köln-Verlag, das heißt eigentlich seinen Mitarbeitern und -innen, dafür, dass er – also sie – einem so durchgeknallten Schriftschausteller wie mir ein nahezu bedingungsloses Vorschussvertrauen vorgeschossen hat beziehungsweise haben, welches ich hoffentlich in der Lage war nicht zu ... wie sagt man? Na ja, ich hoffe, es sind jetzt alle irgendwie zufrieden.

Der deutschen Rechtschreibung und Grammatik dafür, dass ich sie in höchst generöser Weise nach meinem eigenen Ermessen umgestalten, verunstalten und unterhaltsam selbstverwalten durfte. Deutsch ist nämlich, was man daraus macht, Herr Duden, und Kölsch ist erst, wenn Wrede nickt!

„Tante" Elfi Steickmann dafür, dass sie mir nicht nur aus ihrem bereits 5. Buch „Alaaf, Kölle!" (Greven Verlag, Köln) das so treffende Gedicht „Spill nit nor der Clown" anheimstellte, sondern mir auch durch zahlreiche „Jetzt mal was ganz anderes ..."-Gespräche telefonisch Schreibblockaden löste und den von mir angerührten Kölschbrei in eine publizierbare Buchstabensuppe umkochte. Und weil ich in ihrem Vorwort auch drinstehe. Das aber nur nebenbei.

Dem Kölner Karnevalsfotografen Joachim Badura (www.joachim-badura.de) dafür, dass er es trotz im freien Verkauf erworbener Karte und zweistündigem Schüttelgelache im Senftöpfchen mal wieder geschafft hat, mich unfotogenes Häuflein Menschenkind in zwei Akten knapp 300-mal sehr schmeichelhaft auf Digital zu bannen. Elf der Abbildungen in diesem Bilderbuch stammen übrigens von ihm ... habe mal kurz nachgezählt, es sind quasi alle bis auf vorne drauf!

Der Mannschaft vom Nippeser „Golde Kappes", allen voran „Beichtvater" Manfred (schon wieder einer!) D'Agnolo, Manfred, dem Koch (jaja, auch der heißt so!), und der Köbesflotte, dafür, dass ich in meinem Preisträgereckchen auch arbeitenderweise immer gut bedient, nett umsorgt, lecker bekocht und gerne gesehen war! „Loss mer ens noh Neppes jonn, in Neppes krejemer Spass!" Natürlich auch „meinem" Veedel Nippes, und zwar dafür, dass es mich herzlich in sich aufgenommen hat und mir für dieses Büchlein zwar ausschlaggebende Inspirationen, nicht aber fotografische Aufdringlichkeiten entgegenbrachte.

In alphabetischer Reihenfolge Berthold, dem oskargekrönten ZDF-Fernsehwirt aus der „Krone", Necmir, dem singenden Kölschtürken vom „Bosporus", und Nico, dem holländischen Wächter seiner eigenen Sauce aus dem „Alt Remagen" dafür, dass sie mir durch die uneigennützige Bereitstellung von ca. 14 Kilo Bestellblöckchen und 23 kugelgelagerten Schreibgeräten die Konservierung meiner Ideen auch außerhalb meiner regulären Arbeitszeit ermöglichten!

Meinen Eltern dafür, dass es sie gibt, sie mich ganz doll lieb haben und mir nicht sagen, dass sie meinen Beruf irgendwie doch prima finden – es aber zumindest heimlich bei sich denken. Ich liebe euch! Und nicht nur dafür!

Meiner mich süß umsorgenden Inspiration in guten wie in schlechten Tagen – nennen wir sie an dieser Stelle einmal Inge – dafür, dass sie mich gut zehn Wochen lang immer wieder aufopfernd in meiner Parallelwelt besuchte, mir diese erklärt und für liebenswert befunden hat und mich scheinbar immer noch ganz gern hat, weil ich so bekloppt bin, wie ich bin. (Ja, ich liebe dich! Da kann der Mond so voll sein, wie er will ...)

Allen, die ich in irgendeiner Form in sämtlichen Kapiteln vergessen, verdrängt oder veralbert habe, dafür, dass sie mir nicht böse sind, dass ich sie in sämtlichen Kapiteln vergessen, verdrängt oder veralbert habe. Falls doch: Nehmt bitte nicht alles so ernst!

Und abschließend Ihnen, verehrter Leser, dafür, dass Sie dieses Buch so tapfer bis zum Schluss über sich ergehen haben lassen. Respekt! Ich bin ehrfürchtigerweise sogar geneigt, mich an dieser exponierten Stelle mit einer Wendung bei Ihnen zu bedanken, mit der ich weiß

Gott nicht inflationär haushalte. Und hiermit gehe ich dieser Neigung nach: (Trommelwirbel!) Sie waren der beste Leser, den ich je hatte! (Tusch!) Alles Gute, auch beruflich! (Womit auch Manfreds – wieder ein anderer, übrigens – Lieblingsphrase noch kurz vor Druck Verwendung gefunden hätte!)

Aber genug jetzt, Schluss muss sein! Das war's! Jedenfalls fürs Erste. Denn sollten Sie jetzt Zugabe rufen, was in erster Linie zwar grober Unfug wäre, weil ich es eh nicht hören könnte, es mir aber trotzdem irgendwie schmeichelt, dann denke ich mal drüber nach, ob ich nicht doch irgendwann einmal ein weiteres Werk in Angriff nehme, besiege und nachlege. Vielleicht einen Roman. Oder ein Kochbuch. Oder einen medizinischen Aufsatz zum Thema „Tinnitales Wummern", auf dem Gebiet gibt es nämlich noch viel zu tun ... Aufgrund meiner kürzlich gesammelten Erfahrungen in der Schriftstellerei wage ich allerdings zu prophezeien, dass ich mein nächstes Buch – egal welchen Inhalts – frühestens in zehn Jahren schreiben werde! Oder am Dienstag. Mal schauen, was da so ansteht ... Bis zur endgültigen Entscheidungsfindung verbleibe ich zunächst einmal mit freundlichen Grüßen, den besten Wünschen für ein ausgeglichenes Leben und dreimol vun Hätze Kölle Alaaf!

Ihr „Blötschkopp"

Marc Metzger

Marc Metzger
Der doofe Dom

Die Debüt-CD von Blötschkopp Marc Metzger

Darf man den Dom doof finden? Blötschkopp Marc Metzger beantwortet diese Frage mit seiner Debüt-CD »Der doofe Dom«, indem er eine Therapie vorschlägt, die uns nur scheinbar auf Distanz zu unserem geliebten Weltkulturerbe gehen lässt.
Von wegen Skandal-Hit ... Dieser Künstler liebt seine Stadt. Und das Gefühl zeigt er übrigens auch bei den beiden anderen Stücken auf der CD »Muss et denn immer so LAUT sein?!« und »Kutt jot Heim«.

 www.dabbelju.de

Petra Pluwatsch
Weiberfastnacht
Die Geschichte eines ganz besonderen Tages

Paperback, 160 Seiten

»Weiberfastnacht« nennt man in Köln, der Stadt der 11 000 Jungfrauen, liebevoll den Donnerstag vor Aschermittwoch. Petra Pluwatsch erzählt die Geschichte dieses ganz besonderen Tages und zeichnet die Karriere des alten Frauenfestes nach, das es vom Mauerblümchen bis zur kalendarischen Nummer eins der tollen Tage gebracht hat.
Sie berichtet von Marktweibern, die sich mit Butterkohl und Straßendreck bewarfen, und stellt in Porträts »starke Kölnerinnen« wie das Funkenmariechen und Agrippina vor. Außerdem erläutern prominente Kölner, Imis wie Einheimische, ihr persönliches Verhältnis zum Wieverfastelovend und dem Karneval im Allgemeinen. Der Blick über die Stadtgrenzen zeigt, wie in anderen Gegenden gefeiert wird, Verkleidungen und Karnevalsspeisen werden vorgestellt, und auch Tipps zum richtigen Verhalten an diesem besondern Tag fehlen nicht.

Ein Buch für alle, die Spaß am Feiern haben und mehr über die Hintergründe der Weiberfastnacht wissen wollen.

> »Ebenso kurzweilig wie aufschlussreich«
> *Süddeutsche Zeitung*

 www.kiwi-koeln.de

Helga Resch
Der Karnevalsknigge
Feiern wie die echten Kölschen

Paperback, 144 Seiten

Haben Sie schon mal Karneval gefeiert, obwohl Sie nicht aus Köln kommen? Oder planen Sie, nächstes Jahr nach Köln zu fahren und am eigenen Leib zu erleben, wovon so viele schwärmen? Oder feiern Sie schon ewig und trauen sich nicht mehr, Fragen zu stellen? Dann brauchen Sie dieses Buch.
»Der Karnevalsknigge« versetzt Sie in die richtige Grundstimmung, vermittelt alles Wissenswerte rund um den Karneval und bringt Ihnen die richtigen Lieder bei.

»Ein Muss für alle Pappnasen«
Badisches Tageblatt

»Wirklich empfehlenswert!«
Westfälischer Anzeiger

 www.kiwi-koeln.de

Tobias Bungter/Helga Resch
Sprachführer Kölsch

Broschur, 128 Seiten mit einer Audio-CD
(gesprochen von Tommy Engel)

Mit diesem Sprachführer werden Sie fit für das Abenteuer Kölsch, die Sprache der schönen Stadt am Rhein. In praxisnahen Lektionen werden Ihnen nicht nur die notwendigen Vokabeln und Redewendungen vermittelt, sondern Sie erfahren außerdem viel Wissenswertes über die Rheinmetropole und ihre Geschichte, die Sitten und Bräuche der Eingeborenen und die typische Kölner Mentalität.

»Ein Sprachführer – lehrreich für Imis, amüsant für Kölsche.«
Radio Köln

 www.kiwi-koeln.de

Martin Stankowski
KÖLN
Der andere Stadtführer

Broschur, 416 Seiten

Martin Stankowski erzählt in »Der andere Stadtführer« mit gewohnter Neugier und ungebrochener Entdeckerlust die zweitausendjährige Geschichte Kölns sowie bewährte und unbekannte Kölner Anekdoten, die dem Leser immer wieder überraschende Details zur Geschichte, Politik, Kunst und Kultur in Köln vermitteln.
Mit großformatigen Detailkarten, einem ausführlichen Serviceteil, vielen Insidertipps sowie Beiträgen von Jürgen Becker, Rainer Pause und Heinrich Pachl.

»Das Schöne an Köln ist, dass es diese Stadt nicht nur ein Mal gibt, sondern so oft, wie es Menschen gibt, die sich ein Bild von ihr machen« – so der ›Stadtbilderklärer‹ Martin Stankowski.

»Ein Köln-Kompendium der Geschichten – ein rundum gelungenes Buch.«
Barbara Schlei, Koelnarchitektur.de

 www.kiwi-koeln.de

Konrad Beikircher
Et kütt wie´t kütt
Das rheinische Grundgesetz

Gebunden, 400 Seiten
Mit einem Vorwort von Johannes Rau

Hier finden sich die besten, lebendigsten und typischsten rheinischen Texte von Konrad Beikircher. Seine liebevollen, aber mitunter auch entlarvenden Beschreibungen der »Rheinländer an sich« sind ein Muss für alle Imis und Heimathirsche.

»Der Meister sprüht nur so ...«
Kölnische Rundschau

 www.kiwi-koeln.de

Jürgen Becker
Religion ist, wenn man trotzdem stirbt
Ein Handbuch für Humor im Himmel

KiWi 961

Wie lange hat das Paradies auf? Kommt man auch rein, wenn man nichts glaubt? Wer hat das Christentum erfunden? Ist der Moslem eher katholisch oder evangelisch? Wer den Sinn finden will, muss nach dem Unsinn suchen, denn: »Derjenige verdient es, ins Paradies zu gelangen, der seine Freunde zum Lachen bringt.« *(Koran)*

»Ausgerechnet dieser Frohnatur-Charakter sucht sich als Thema ein erdenschweres aus: die Religionen dieser Welt und warum sie weder in sich konsistent sind noch zusammenpassen wollen. Was für ein Minenfeld! Und dennoch muss man permanent herzlich lachen. Dank Jürgen Becker.«
Süddeutsche Zeitung

Paperbacks bei Kiepenheuer & Witsch   www.kiwi-verlag.de

Annette Schmitz/Andi Schulz
Ein Tag beim FC
mit Lisa und Lukas

Gebunden, 24 Seiten

Die kleine Lisa feiert ihren sechsten Geburtstag. Und das ist ein ganz besonderer Geburtstag, denn zum ersten Mal darf sie zu einem Heimspiel ihres Lieblingsvereins, des 1. FC Köln. Ihr großer Bruder Lukas kennt sich schon sehr gut im Stadion aus. Zusammen mit Papa zeigt er ihr alles, was ein echter FC-Fan wissen muss.

Ein Bilderbuch für junge und jung gebliebene Fans mit Herz für ihren Verein.

»Das Bilderbuch erzählt voller Leidenschaft und Detailliebe von dem aufregenden Besuch im Stadion. Ein Muss für echte Fans.«
Kölner Stadt-Anzeiger

»Das Buch ist ein Muss für Klein und auch Groß, für Kinder, Eltern und Großeltern, für alle, die die unverwechselbare Atmosphäre im Stadion kennen und für diejenigen, die noch sehnsüchtig auf ihren ersten Besuch warten.«
GeißbockEcho

Helmut Frangenberg
Oma Kleinmann

Geschichten und Rezepte aus dem Kwartier Latäng

Gebunden, 112 Seiten

»Bei Oma Kleinmann« ist seit über 50 Jahren *die* Kultkneipe im Kwartier Latäng. Paula Kleinmann, die dem Lokal Namen und Seele gab, hat hier mit ihren Gästen auf dem Tisch getanzt und sie unter den selbigen getrunken. Für hungrige Studenten hat sie tonnenweise Schnittchen geschmiert und wenn die Kneipe aus allen Nähten platzte, fand sich immer noch Platz in ihrem Wohnzimmer. Noch heute schält die 92-Jährige für den neuen Besitzer Olaf Wolf Kartoffeln – dessen Schnitzel sind mittlerweile genauso legendär wie einst Paulas Wildgerichte und ihr gefüllter Fasan.

Helmut Frangenberg hat die Geschichte von Oma Kleinmann aufgeschrieben. Entstanden ist das Porträt einer unermüdlichen Frau und ihrer Kneipe. Ein Buch über das Leben und die Liebe, über Kölner, Westfalen und über die Kunst, eine gute Wirtin zu sein: »Ist der Gast traurig, musst du mitweinen. Ist er fröhlich, musst du mitlachen. Und dann musst du mit ihm trinken.«

»Da ging man hin!«
Alfred Biolek

»Es ist eine Freude, dass sie existiert!«
Alice Schwarzer

 www.kiwi-koeln.de

Tobias Bungter/Wulf Reiners
111 Dinge, die man in Köln getan haben muss, bevor man ins Gras beißt

Broschur, 144 Seiten

Ins Gras beißen müssen wir alle irgendwann. Daran geht kein Weg vorbei. Aber es gibt Dinge, die man als Kölner unbedingt getan haben sollte, bevor man sich in Melaten die Radieschen von unten ansieht – denn sonst hat man das Schönste, Aufregendste und Skurrilste am Leben in dieser Stadt verpasst.
Tobias Bungter und Wulf Reiners stellen in unterhaltsamer und kompakter Weise 111 inspirierende Dinge vor – vom charmanten Klassiker bis zum Geheimtipp für Eingeweihte.
Patrick Essex ist ihren Spuren gefolgt und hat viele Dinge auf aussagekräftigen Fotos festgehalten.

www.kiwi-koeln.de